ルビンのツボ

齋藤亜矢

ルビンのツボ

芸術する体と心

岩波書店

はじめに

「筆者が「おにぎり」に気づいたのはなぜか」

二〇一九年度の灘《なだ》高校の入試問題だ。この本のもとになった『図書』の連載から「要、不要」のエッセイが国語の試験に出題された。あのとき木の上の「おにぎり」に気づいたのはなぜか、自分でも不思議なのだが、選択肢には内容をふまえた考察が展開されていて、なるほどと思った。

前著『ヒトはなぜ絵を描くのか——芸術認知科学への招待』(岩波科学ライブラリー、二〇一四年)を含め、拙文を入試問題につかっていただくことが増えた。光栄なことだが「著者には満点がとれない」という噂がほんとうだとわかった。漢字が書けないことも多いし、この手の「著者はなぜそう思ったのか」という選択問題が一番むずかしい。いわれてみれば、どれもあてはまるように思えたり、どれもちょっと違うような気がしたりする。

文章として整えるまでの思考が、ごちゃごちゃと非線形なプロセスだからかもしれない。頭のなかをのぞかれるようで無性に恥ずかしいし、選択肢から浮かび上がる著者像に赤面することもしばしばだ。国語が苦手だった著者としては、なんだかこころ苦しい気持ちにもなる。

さて、ルビンの壺とは、デンマークの心理学者、エドガー・ルビンが考案した多義図形だ。この絵の黒い部分を図と見れば壺に見えるけれど、白い部分を図と見れば顔に見える。図と地が反転することで見え方が変わるので、図地反転図形ともいわれる。二つの見え方は、せめぎあうように入れ替わって、同時に両方を見ることができないのも特徴だ。

壺にかぎらず、どんな物にもさまざまな側面があって、同じ物を見ても、視点によって、人によって見え方は違う。あたりまえのようで、案外、一つの見え方にとらわれると、ほかの見え方があることに気づきにくい。

そんな凝り固まりがちな人間の物の見方をぐるっと反転させるところに、アートの「ツボ」が隠されているのではないか。それが、タイトルに「ルビンのツボ」とつけた理由だ。

物の見方には、試験のように正解があるわけではなく、著者の考えも、しょせん一人の人間の、そのときの視点にしかすぎない。頭をゆるめて、見え方の揺らぎを楽しんでいただけたらさいわいだ。

＊本書は、岩波書店の雑誌『図書』二〇一六年四月号に掲載されたエッセイと、二〇一七年七月号〜二〇一八年一二月号に掲載された連載「ルビンのツボ」に大幅加筆し構成した。

ルビンのツボ

目次

はじめに
からだとこころ　1
サイエンスの視点、アートの視点　8
チンパンジーとアール・ブリュット　16
洞窟壁画とアール・ブリュット　24
手の想像、目の想像　31
考える、考えない　38
自由と不自由　46
自然の美、人工の美　53
美しい、怖い　61

弥生人と絵文字　70
わかる、わからない　78
在と不在　86
上手い、おもしろい　93
木を見る、森を見る　100
仮想と現実　108
二次元と三次元　115
要、不要　123
単純と複雑　131
主観と客観　139
おわりに　147

装画・題字　黒田征太郎

からだとこころ

サルを追いかけていたら、崖から落ちて背骨を骨折した。サルを追いかけて？と笑われることも多いが、まったく笑いごとではなかった。なにより、まわりの人たちにさんざん迷惑や心配をかけてしまった。でも、大学四年生のこのときに背骨を折っていなければ、いまの自分はなかったと思う。

新緑がまぶしいさわやかな日だった。研究室の人たちと、京都の嵐山に野生ニホンザルの下見調査に行った。山のなかを進んでいくと、先の尾根からサルの声がする。群れに近づくために斜面を降りることになった。

一歩一歩、足場を確かめながら進む。でも、一瞬の気の緩み、自分の傲《おご》りだった。危ないかも、と思ったときには遅く、急な斜面を一気に滑り落ちた。途中でなにかにしがみつこうと必死で手をのばしたが、なすすべなくからだは加速する。傾斜がさらにきつくなったところで、ついにふっと宙に浮いた。ああ、ここで死ぬのか、と観念するしかなかった。

高いところから落ちるときは、途中で気を失うものかと思っていたが、意識ははっきりしたまま。人生が走馬灯のように見えることもなく、頭によぎったのは、まだなにもしていない、時間を巻き戻したい、という思いだけだった。

突然、足に衝撃を受ける。膝を曲げて着地の体勢をとったが、すべって尻餅をつくように倒れ込んだ。同時に、からだのなかでなにかぐっと詰まったような感覚があった。すごい重力だ。これが地球の引力か、と妙な感心をしてしまった。

いま思えば気が動転していたのだろうが、寝転んだまま、とにかく自分が生きているかどうか確かめなくちゃと思った。まずは左手首に触れる。だいじょうぶ、まだ脈はある。胸に手をあてて心臓を確かめる。だいじょうぶ、少し速いけれどちゃんと動いている。口元に手を近づけ、はあと息を吐いて吸う。だいじょうぶ、息もしている。そうだ、脊髄が損傷している可能性もある。左右の手足、指も一本一本動かしてみる。だいじょうぶ、触ってみて感覚もある。

そこまでしてやっと、自分はまだ生きている、と思えた。

落ちたのは岩場だった。岩は、かたく冷たかったが、それがたしかな現実だと感じられた。でも、からだをおこそうとすると痛い。このまま助けを待つことにしよう。

あとでふりかえると、それこそ笑い話なのだが、本人は冷静なつもりだった。しかもその冷静な行動は、上にいた人たちを凍りつかせた。崖から落ちてしばらくは、手足をばたばたさせてもがいていたのに、急にぱったり動かなくなった。最悪の事態が頭をよぎったという。

結局、自力では立ちあがれず、おんぶで運び出してもらった。谷底から、山から、人里へ。病院でレントゲン写真を撮ると、胸椎の一〇番と一二番が見事につぶれていた。圧迫骨折。腹側が大きくつぶれて三角形に写った椎骨は、うしろにある脊髄の側に押し出されていた。

「もうちょっとずれていたら、胸から下が不随です。頭を打っていたら即死。これぐらいですんで、ほんとうに運がよかった」

医者にいわれて、即入院。コルセットができるまでの一〇日間は、寝返りも禁止の寝たきり生活となった。ひねり厳禁のため、からだの向きを変えたいときは、ナースコール。看護師さん二人がかりで、丸太のように転がしてもらった。

サルを観察するためにもっていたフィールドノートは、自分や身のまわりでおこる現象を記録するためのノートとなった。そして、からだとこころに関する「！」に嫌でも向きあうことになった。

元気なときにはほとんど意識していなかったが、からだも、こころも、おかれた環境の影響をもろに受けている。同室の高齢の女性が、廊下側のベッドから窓側のベッドに移動したら、認知症の症状が軽くなるのも目にした。太陽光で体内時計のリズムが整うからなのだろう。

自分のからだにも次々と変化がおこった。宇宙医学にベッドレスト実験というのがある。微小重力状態の影響を調べるために、何日も寝たままで過ごすのだという。寝たきりでいることは、からだにとって、宇宙に行くぐらいの大きな環境の変化なのだ。強いたちくらみに、めまい、廃用性筋萎縮、ため息の出る変化のたび、自分にいい聞かせた。

こころの方では、まず五感に変化があった。寝たきり人間の目に入るのは、天井か間仕切りのカーテンぐらいのもの。視覚が限られたことで、聴覚と嗅覚が驚くほど敏感になった。だれがくるかも音だけでわかる。看護師さんによって、サンダルのペタペタという音やリズムが違うからだ。主治医の先生のときは、擦り気味の大股の足音にくわえて、ぱさっぱさっと白衣の音がまじっていた。

そして思いがけない変化があったのが、夢だ。

最初の数日間はまったく夢を見なかった。というのも、ほとんど眠れなかったからだ。寝ている間に寝返りをうったら、椎骨がずれて脊髄が傷つき、半身不随になってしまうのではないかという不安。病院という慣れない環境、からだも痛いし、先のことも不安でしかない。ようやく眠れたのは、四日目の昼間だった。寝息も立てず、それこそ死んだように寝ていたらしい。心配して呼吸を確認しにきた看護師さんの気配で目が覚めた。

不思議なことに、寝たきりのときに見た夢は、むしろアクロバティックに動きまわるものばかりだった。たとえば九日目、南極の生き物の番組をテレビで見た夜には、氷の下のグランブルーの世界をペンギンとともに縦横無尽に泳ぎまわった。次の日には、中国の万里の長城近くの山を忍者のように軽やかに駆けまわった。

夢に変化があらわれたのは、コルセットをつけて歩き出して数日後だった。アスレチックのような遊具の上を進んでいて、思うように動けず、足がすくんで立ち止まってしまう。恐怖がつのるほど足の踏み場が消えて、前にもうしろにも進めなくなる。そんな、いかにもという悪夢ばかり見るようになった。

ジュラルミン製のコルセットは窮屈で、ロボットのような直立姿勢でそろそろと歩いた。軽くつまずいて着地のタイミングがずれるだけで、冷や汗が出る。思い通りに動けないもどかしさや足のすくみ。現実にからだで感じてはじめて、夢に反映されるのだと思った。

でも、ほんとうの恐ろしい夢を見るようになったのは、退院後だった。なにやら得体の知れない恐怖に支配されて目が覚める。すぐには現実に戻れず、しばらく心臓が飛び出しそうなほどバクバクしている。でも夢の内容は思い出せない。とにかく猛烈な恐怖が波のように襲ってきて、全力であらがうのだが、結局波に飲み込まれて目が覚める。そんな夜がつづいた。

それが正体をあらわしたのは、事故から二年目だった。夢のなかでわたしは、ガラスばりの高層ビルの窓際で寝ていた。嫌な予感がすると、案の定、目に見えない力で窓の外に引きずり落とされそうになる。必死で抵抗したが、強烈な力に屈し、とうとう落ちる！　というところで目が覚めた。

激しく脈打つ心臓と荒い息を整えながら、そうか、やっとわかったと思った。崖から落ちたときの恐怖と、寝返りをしてしまうことへの強い不安。それがこんな夢をつくっているのだ。

そして、こんな夢をこれまでも何度も見ていたのだと、そのときはじめて気がついた。

無意識に寝返りしてしまわないように、ホラー映画ばりの夢でからだをこわばらせていたのだろう。たしかに事故後は自然に寝返りをうてなくなり、夜中に何度も目を覚まして、からだの向きを変えるようになっていた。

その後も同じような夢をたびたび見た。でも目が覚めるたびに、これは夢だ、寝返りを防ぐための夢なんだ、と自分にいい聞かせ、からだの向きを変えることで気持ちを落ちつかせた。心臓の位置のせいか、左側を下にして寝ているときの方が悪夢を見やすかった。

やがて怖い夢を見る頻度は少しずつ減り、事故から三年目を迎えるころ、そういえば最近見ていないなと思った。夜中に目覚める回数もだいぶ減っていた。

診断は受けていないが、ほかにもさまざまな症状から、おそらくＰＴＳＤ（心的外傷後ストレス障害）だったのだと思う。

死に直面する恐怖を体験すると、同じような危険を避けるために、そのときの状況に結びつくものごとに敏感になる。

本来それは、生物にとって合理的な防衛反応だ。危険につながる可能性のあるものごとをいち早く察知したら、交感神経系の作用で、心拍や血圧を上げ、からだじゅうの筋肉に血液を送る。全力で逃げるか闘うための備えだ。その反応は、前頭葉でそれがなにかを判断するよりも早い。あとからそれが安全なものだとわかれば、副交感神経系にスイッチして、緊張が解かれる。

しかしPTSDの場合、経験した恐怖が強すぎるあまり、この防衛反応が過剰になったり、緊張がつづいたりしてしまうようだ。リラックスできないと、睡眠や消化の働きが犠牲になるので、からだに負担がかかってしまう。

わたしの場合も、わかりやすく高いところが苦手になった。階段はもちろん、自転車とすれ違っても、落ちたときのスピード感を思い出して足がすくむ。落ちるはずのない、側溝のふたの小さな隙間すらも怖くなった。

頭より先にからだが反応してしまうので、わかってはいても、なかなか克服するのがむずかしい。でも、夢のなかで恐怖の正体に向きあったことで、その鎧が少しずつ解かれていった気がした。

夢の解釈が学問的に正しいかよりも、自分でその夢の意味を「わかる」ことがだいじなのだと思った。それ以来、とくに悩んでいるときほど、おもしろい夢を見る。夢に気づかされたり、救われたりすることもある。

夢には記憶を整理する役割があるという。眠っている間、脳が断片的に再生している記憶を目覚める直前にまとめてストーリーに仕立てる。ある意味、わたしたちが寝ながら、知らず知らずのうちにしている「表現」なのかもしれない。それは、だれのためでもない、自分のための「表現」だ。そして、そこでつむがれる物語では、枠をこわすことが簡単にできている気がする。夢にも、創造性のヒントがありそうだ。

サイエンスの視点、アートの視点

進路の文理選択をひかえた高校生に、話をしてほしいと頼まれた。風変わりな経歴をかって声をかけていただいたが、さて、どんなことを話せばよいだろう。

京都大学(京大)の理学部を卒業し、医学研究科の修士課程に進んだ。しかし、博士後期課程では東京藝術大学(芸大)の門を叩き、博士(美術)の学位を取得する。その後、野生動物研究センター、教育学部と経て、ふたたび芸術系の大学に戻ってきた(京都造形芸術大学)。

こうして書くと、異分野を軽やかに渡り歩いてきたように思われることがある。でも、そんなに器用な人間ではない。立ち止まって悩みながら進むうちに、いつのまにか蛇行した道になっていただけだ。さいわいなことに、さまざまな分野を経験したことが、いまの研究につながっているように思う。

芸術の起源を探るために、認知科学の手法から、絵を描くこころの基盤について研究している。たとえば、進化の隣人であるチンパンジーと人間の子どもの描画行動を実験で比較するような研究だ。つまりテーマは文系的だけれど、アプローチは理系的。ふだん関わっている分野も境界域なので、自分が文系か理系かを意識することはほとんどない。

だから文系・理系にはあまり思い入れはないのだが、サイエンスとアートという切り口から なら、少しは話せることがあるかもしれない。それに、これからそれぞれの道に歩み出そうと する高校生たちに、途中でちょっとぐらい人と違う道にそれたり、寄り道をしたりしてもだい じょうぶ、というメッセージにはなるかもしれない。

サイエンスとアート。相反する点は、いくらでもあげられる。

たとえば、普遍性と偶然性。サイエンスの実験では、条件をそろえれば毎回同じ結果になる ことが求められる。データは平均化され、一回きりの出来事は「外れ値」として扱われる。し かしアートでは、偶然性がだいじにされ、平均値よりも「外れ値」にこそ光があてられるよう なことが多い。

たとえば、「わたし」の存在。サイエンスの論文では、「思う」より「考えられる」という表 現が好まれる。だれが考えてもそう解釈できる無理のない論理だという意味だ。つまりサイエ ンスは、できる限り「わたし」を排除する。いっぽうでアートは、むしろ「わたし」がなけれ ばはじまらない。「わたし」がこう思う、「わたし」はこう感じる。ほかのだれもが気づかなか った「わたし」の「思う」や「感じる」を切り出して表現する。解釈も鑑賞者によって異なり、 そこに一つの正解があるわけではない。

もはや一八〇度違う部分も多いのだけれど、サイエンスとアートは対極に位置するわけではない。むしろ、その根っこにこそ共通するものがある。

その思いを強くしたきっかけが、芸大に入ったばかりのころ、特別講義でこられた内藤礼さん(現代美術)のお話だ。

「たとえばいま、木漏れ日からさす光がカーテンにきらきら映し出される感じ。そんなふだんの生活のなかの一場面や自然の美しさを、いいなあ、と感じている。ほんとうはそうして自分で感じているだけでいいのだけれど、その「感じ」をアートのなかに表現したい。別にだれがしなくてもいいのだけれど、やらずにはいられない。わたしは、究極に美しいものをつくりたい」

この言葉が、研究者として自分が目指す姿勢と重なり、サイエンスからアートの分野に足を踏み入れたときの迷いを吹き飛ばしてくれた。

そして言葉をかみしめるうちに、どちらも核となるのは、身のまわりの出来事や現象に目を向けて「！」と感じるこころだと思うようになった。「！」は、そのときによって「いいなあ」のこともあれば「どきどき」や「ざわざわ」のこともある。日々のちょっとしたことにこころが動く、いわば「プチ感動」にその芽があると思った。

大胆に一般化するならば、サイエンスは「！」を「？」に変えて、その答えを追究していくもの。いっぽうのアートは「！」をかたちや音に表現していくもの。そんなふうにシンプルに表せるのではないかと考えるようになった。

ただし一口にサイエンスといっても、いろいろな分野がある。分野によって違うのは「！」から「？」をどう導くか。「？」にもHow?やWhy?などさまざまな問いの立て方があるし、どこに着目して問いを立てるかで、その先のアプローチが大きく異なる。

たとえば木漏れ日のなかに「！」を見つけた場合。光がどのように干渉してパターンをつくるかを考えるのは物理学で、木漏れ日の下でどんな実生《みしょう》(芽ばえ)が育つのかと考えるのは植物学。木漏れ日を心地よく感じるのはなぜかと考えるのは認知科学で、ほかの言語に「木漏れ日」という言葉はあるのかという視点なら言語学や比較文化学かもしれない。

あるいは、実学的な分野なら「！」や「？」を生活に役立てる方法を考える。たとえば工学なら木漏れ日を建築に応用する方法を考え、医学ならば木漏れ日の心地よさがストレスの軽減や症状の改善に役に立つかどうかを調べるだろう。

実際に、地球流体力学が専門の酒井敏さんは、シェルピンスキー四面体というフラクタル構造に木漏れ日のような日除け効果があることを発見し、「フラクタル日除け」を開発した(フラクタルとは、部分と全体が自己相似している図形で、樹木や海岸線などの自然界の構造によく見られる)。さらに建築家の坂茂《ばんしげる》さんが、台湾の美術館の設計にそれを応用したという例もある。

こうして考えてみると、文系か理系かということよりも、サイエンス、いや広く学問の分野によって問いの立て方が違うことを知った方がいい。そして、どんな分野に進むにしても、まずは「！」を感じるこころと「？」を探すこころを磨くことが肝心ではないか。そんなことを高校生へのメッセージとした。

この「！」だが、イメージにぴったりの作品がある。岡本太郎の「若い夢」だ。以前、滋賀県甲賀市にあるＭＩＨＯミュージアムで土偶展が開催されていたとき、展示会場の入口で、その巨大な顔に出会った。

頬杖をついて、うわあと、よだれでも垂れてきそうな笑顔。太郎が縄文に出会ったときも、きっとこんな顔をしていたのだろうと思った。それは、子どもがなにかを発見して身をのり出すときの表情にも似て、驚きと好奇心、そして憧れが混ざっているように見えた。

その日は少し疲れていたが、力強くミステリアスな土偶と向かいあううち、いつしか自分もそんな表情になっていた。

しばらくこんな表情を忘れていたような気がした。

思い出したのは、大学二年生の夏、はじめてフィールドワークを学んだ屋久島だった。その年にはじまった「屋久島フィールドワーク講座」に参加し、一〇日間ほどの合宿生活を送った。山極壽一さん（霊長類学）や湯本貴和さん（生態学）をはじめ、動物行動学、植物学、人類学などの専門家の指南で、屋久島の深い自然を存分に味わった。

フィールドワークでは、文字通り、五感を総動員して自然と向きあう。直接目で見る。耳で聞く。鼻でかぐ。ときには手で触ったり、舌で確かめたりすることもある。

それも、サルならサル、植物なら植物、という個別の見方はできない。さまざまな生き物が互いに関わりながら生きているからだ。そのまっただなかに身を置き、からだ全体で向きあうことのリアルさ。ざわざわとするようなたくさんの感覚にさらされ、おのずと「！」や「？」があふれ出す体験をした。すぐそばに第一線の研究者がいて、「？」をぶつけると世界が広がるような答えが返ってくる。「！」や「？」がぽこぽこ連鎖して生まれた。あのとき真っ黒になるまで日焼けしながら、きっと太郎の彫刻のような表情をしていたと思う。

「若い夢」 ©岡本太郎（MIHO MUSEUM 編『土偶・コスモス』羽鳥書店，2012 年より）

最後の自由研究で、一本のアコウの木を選んだ。大きなアコウには実がたわわになっていて、たくさんの生き物がやってくるに違いない。そう期待して、半日ほど定点観察をすることにした。

双眼鏡をかまえ、少し離れた斜面に陣取る。ひたすら待つこと一時間、やってきたのは二〇頭ほどのサルの群れだった。たらふく食べたサルの群れは、食後のグルーミングをしたのち、クークーと声をかけあいながら去っていった。

とたんに、しんとした時間が訪れた。一本と一人。アコウの上を過ぎていく雲の流れを見つめる。風が抜けるたび、しゃらしゃらと照葉樹の乾いた音が鳴る。しばらくして、ふと生暖かい匂いを感じた。そっとふりかえると、一頭の若いオスザルがうしろに座っていた。群れから離れて行動しているヒトリザルだろう。その気配を背中で感じながら、しばらく空間を共有して過ごした。一本とヒトリと一人。なんだかうれしくて、こころがじんわり温かくなった。

その後「ヤクザル調査隊」というヤクシマザルの調査のお手伝いにも参加して、さらに一週間、屋久島の森のなかでテントを張って過ごした。その一週間後には、霊長類研究所の松沢哲郎先生のオランウータン調査に同行させてもらい、マレーシアのボルネオ島に一〇日間ほど滞在した。はじめてにして、贅沢なフィールドワーク漬けの夏。それが、わたしの一つの原点となった。


「感性は、言葉や観念でなく、からだを通した体験からしか生まれない」

画家の横尾忠則さんが、ラジオでそんな話をされていた。

ふだんの生活のなかで、わたしたちはついついからだを忘れがちだ。必要な情報の多くが、インターネットやテレビなどのメディア(媒体)を通して言葉で入ってくるからだ。

でも、からだを通してしか感じられないものがたしかにある。学生のときに屋久島やボルネオで、それを強烈に体験できたのは恵まれていたと思う。だからこそ、日々の暮らしのなかでも同じだと気づくことができた。

「！」を感じるには、少しだけ頭をゆるめておく必要がある。はじめから知った気でいたり、頭でっかちに接していたりすると「！」は湧いてこない。頭よりからだを通して感じるようにすると「！」に出会えるように思う。

それは、アートに対峙するときも同じかもしれない。頭の奥をちょっとゆるめる感じで作品に向きあうとき、アーティストが見出してきた「！」に出会えることが多いからだ。

サイエンスとアートの交差する場をフィールドに、自分のからだを通して「！」を探すことからはじめたい。

チンパンジーとアール・ブリュット

鞆《とも》の浦の町を歩いた。福山駅からバスに乗り、三〇分ほど南下したところにある港町だ。鞆城跡のある丘に上がると、湾の先に小島がぽこぽこと浮かび、対岸の四国まではっきりと見える。石段を降りて海に向かう。小さな港に小型の漁船やボートが何艘も停泊していて、ときおりポンポンというのどかな音とともに、穏やかな海にさざ波を立ててよこぎっていく。宮崎駿監督の映画『崖の上のポニョ』の舞台となった町でもある。

港のシンボルになっているどっしりとした石造りの常夜灯のたもとでぼんやり海を眺めていたら、港のベンチでおしゃべりをしていた二人の老人が、鞆のことを教えてくれた。その歴史は古く、古事記や日本書紀の時代にもさかのぼるという。

瀬戸内海は、古くから船による交易のルートになっていた。四国との間に東西から流れ込む潮の流れが、ちょうどこのあたりで合流する。船は流れ込む潮の流れに乗って入り、ここで潮の流れが変わるのを待ってから、反対側に抜ける。そのため鞆は潮待ちの港として栄え、江戸時代にはたくさんの豪商が、大きな蔵をあちこちに建てたという。いまはかなり少なくなったが、厚い土壁のなかにとんでもない財宝が隠されていることもあったそうだ。

「わしらが子どものころは、お祭りっていうと、夜、この狭い港に、灯りをつけた船がたーくさん集まってきて。ほんとうに、あふれんばっかりの数じゃったんですよ。それはもうにぎやかで、にぎやかで。それを知っていると、いまはだいぶ寂しくなったと感じますよ」

二人の視線が海を見つめる。

この二人は「いま・ここ」にない過去の光景をはっきりと脳裏に浮かべている。さらにそのイメージは、言葉を媒介として、暗い海に無数の小船の灯りがひしめく光景をわたしの脳裏にも呼びおこした。それはもちろん完全なイメージではない。しかし言葉には、たしかに想像を生み出す力がある。イメージを伝え、共有する力がある。日が傾きはじめたばかりのまだ明るい海を眺めながら、その不思議さを味わった。


進化の過程で、言葉を獲得したことは、人間にとって革命的な出来事だった。それは、たんにコミュニケーションの手段を変えただけでなく、「見る」という行為にも変化をもたらしたと考えられている。目に入る物をつねに「なにか」として分類し、頭のなかで言葉に置き換えるという記号的な物の見方だ。

たとえばリンゴは、赤くて丸いくだものだけれど、よく見るとさまざまな色や形があり、一つとして同じものはない。でも「リンゴ」と一つの言葉で表してしまえば「リンゴ一つちょうだい」というやりとりができる。つまり、物の見方が大雑把になったおかげで、抽象的な思考や効率的なコミュニケーションが可能になった。

大雑把に物を見るわたしたちは、空の雲や壁のしみのようなあいまいな物の形にも、知っている「なにか」に似た形を見出そうとする。それが人間ならではの見立ての想像力なのではないか。そう考えている。

さて、鞆の浦に来た目的は、鞆の津ミュージアム。アウトサイダー・アートを専門に、ほかの美術館がしないような挑戦的な企画をしている美術館だ。

アウトサイダー・アートは、もとはフランス語でアール・ブリュット(生の芸術)。正規の美術教育を受けずに、自発的な表現活動をおこなう人たちの作品のことだ。障害のある人の作品がここに位置づけられることも多いので、日本ではそのイメージが強いかもしれない。

開催されていたのは「障害(仮)」という展示だ。しょうがい、かっこかり。一般的には、障害者の作品というだけで、障害者がこんな作品をつくってすごいとか、純粋なこころが表れているとか、色眼鏡で見られてしまうことも少なくない。そのことに疑問を投げかける展示だった。

作品は、障害の有無を織りまぜて集められており、現代美術家の会田誠さんの作品も含まれていた。実際に観て感じたのは、表現とは、こんなにも自由で、真剣なほどばかばかしくて、なにより、おもしろいということ。そこに障害の有無は関係なかった。

じつはわたしもこの特別展に作品を出品していたのだ。とはいっても、自分の作品ではなく、研究に協力してもらっている京都大学霊長類研究所のチンパンジー、アイの作品である。

ほかの作家たちの個性豊かな作品に見入ったり、ときににやにやしたりしながら観覧ルートをまわると、最後の部屋にアイの絵が飾られていた。黒い壁に金色のクラシカルな額縁が怪しげな存在感を出している。表現方法から個性的な作品のなかにあって、アイの抽象画のような作品は、むしろ「古典」といった趣すらあった。

表現とはなにか、表現をしたいと思うのはなぜか、表現がこころを動かすのはなぜか、あらためて考えさせられる展覧会だった。

アイの作品

チンパンジーは、絵筆を扱って絵を描くことができる。それは抽象画のような、子どものなぐりがきのような絵だが、いわゆる芸として描かせるのとは違って、特別な訓練も、特別な報酬も必要ない。ごほうびのリンゴがもらえるから筆を動かすのではなく、描くという行為そのものがなんだか「おもしろい」らしい。

絵を描くアイ

なぐりがきをする時期の人間の子どもと同じだ。筆を動かすと、その動きに応じて目に見える軌跡があらわれる。少しおおげさだが、自分の行為が世界を変容させるような感覚がおもしろいのだろう。

だから本来、わたしたちの表現欲求のもっとも根底にあるのは「いま・ここ」でおこるその変化に向けられている、きわめて私的なものなのではないかと思う。

鞆の浦を訪れる前に、埼玉県立近代美術館でおこなわれていた「すごいぞ、これは！」展を見にいった。やはり、アール・ブリュットの展覧会だ。ポスターを見たときは、ちょっと安直なタイトルだなと思ったが、会場に入ると実際に「これはすごい！」という声があちこちから聞こえてくる。たしかに「美しい」でも「上手い」でもない、「すごい」といいたくなる作品たちなのだ。

障害のある人の作品のうち、美術の専門家たちが選りすぐった作品が全国から集められていた。どれも独自の表現方法であり、高度な技術力や手仕事の緻密さに驚かされたり、発想の意外性や大胆さに驚かされたりした。共通するのは、圧倒的な迫力があることだった。いったいどうやってつくったんだろう。

藤岡祐機さんの切り紙の作品が素敵だったので、まねしてつくってみることにした。紙の一辺に無数の微細な切り込みが入り、フリンジのようになっている作品だ。一本一本が髪の毛のように細く、縮れたような絶妙なうねりがある。二次元の平面がほどけて三次元の空間が生み出されていくような、不思議な世界観に惹かれた。

家に帰ってさっそくはさみを握ると、紙の一辺にできるだけ細かい切り込みを入れてみた。油断すると途中で切れてしまうので、かなりの集中力が必要だ。ほんの一センチ分を切ったところで、目は疲れ、はさみをもつ手がつりそうになる。切り込みの幅も太くふぞろいで、ちょっと残念な仕上がりになった。

紙を細く切る。その作業を毎日毎日、何年も繰り返すことで、おのずと技術や表現が磨かれていったのだろう。

それはおそらく、なんのために、ではない。ただそうしたいから、だったのではないか。ただそうしたいから、真剣に、粛々と取り組む。その積み重ねが超人的な技を生み出し、力強い表現を生み出すのだと思う。その圧倒的な迫力は、あるいは、一つひとつの作品に費やされたエネルギーを無意識に感じるからなのかもしれない。

作品を生み出すための一つひとつの作業は、一見ばかばかしいようにも、無駄なことのようにも思える。でも「ばかばかしい」や「無駄」というのは、じつは、いまもっている自分の価値観や既成概念の枠組みのなかで、意味や価値が見出せないというだけのことだ。その枠組みをこわして、新たな価値に気づかせてくれるのが、アール・ブリュットなのだろう。いや、アール・ブリュットに限らず、アートがそういうものなのだと思う。

画家の山口晃さんが、テレビで話していた言葉が思い浮かぶ。

「わたしがおもしろい(大切)と思うものをだれもそう思わない。だから、そう思えるよう表してやる、それが表現だ」

アーティストは、新しい切り口で世界のおもしろさを切り取って見せてくれる。そうやって、既存の枠組みをこわして新たな物の見え方を示してくれるのが、アートの力だと感じている。

それは、石を拾うことに似ているのかもしれない。正月に実家に帰ったら、机のひきだしに子どものころに拾った石ころが眠っていた。ぴかぴか光った宝石のような石ころ、石器のようにとがった石ころ、顔のように穴があいた石ころ。どれも道端に落ちていれば、ただの石だけれど、自分ならではの価値を見出すことで、かけがえのない「石ころ」になる。

価値のないものに価値を与える。子どもがもっとも得意とすることだ。

ふだん見慣れた物でも、別の物に見立てることで、新しい意味や価値が生まれる。価値を与えるという行為にも想像力が一役買っていそうだ。

いっぽう、おとなの目には、石は石のままでしかない。そもそも、石の一つひとつに目を向けることさえ少なくなっているのではないだろうか。

ふと気づいてしまった。チンパンジーの絵を研究しているというこの状況も、はたから見たら荒唐無稽な、ばかばかしいことかもしれない。むしろ気づくのが遅いといわれるかもしれないけれど、自己紹介でいったん怪訝な顔をされるのは、たぶんそのせいなのだと。

アーティストと研究者は、やっぱり似た者同士のような気がする。ばかばかしいこと、無駄なことを真剣にできるおとなでありたい。

洞窟壁画とアール・ブリュット

フランスの南東部、オーヴェルニュ＝ローヌ＝アルプ地域圏。レンタカーを借りて、ヴァロン＝ポン＝ダルクという小さな町を目指した。高速を降りて西に向かう。道は、緩やかなアップダウンを繰り返し、城壁に囲まれた町をぬけると、眼下に緑の森が広がった。オーストラリアを思わせる広大な風景だ。

アルデシュ川に沿ったカーブの多い道を進むうち、やがて大きな石橋があらわれた。石橋といっても、川の流れで岩が削られてアーチ型になった、自然の造形だ。高さは凱旋門ほどもあり、ポン＝ダルク（アーチ橋）と呼ばれている。その近くにショーヴェ洞窟がある。約三万六〇〇〇年前に描かれた絵が発見された場所だ。

洞窟は、劣化を防ぐため、少数の専門家にのみ年に一回の見学が許されている。でも、二〇一五年にオープンした施設で、洞窟の内部を精巧に複製したレプリカを見ることができるようになった。岩肌の凹凸も含めて、すべてミリ単位で複製されている。広い空間に、鍾乳石の質感、石筍《せきじゅん》（鍾乳洞に生じる筍状の突起物。滴下した水中の炭酸カルシウムの堆積による）の上に思わせぶりに置かれたクマの頭骨なども忠実な再現だ。さすがに、鍾乳石からしたたる水滴や、洞窟特有の湿気はない。でも、見ることに集中すれば、本物の洞窟のなかにいる気分になれる。

入口の近くには、赤いオーカー(酸化鉄を多く含む土で、古くから顔料に使われている)を使って描かれたシンプルな絵が多く、スタンプのようなものを押して描かれたドット絵や、壁に押しつけた手の上から赤い顔料を吹きつけてつくった手形、ネガティブハンドもある。

ガイドの案内にしたがって奥に進むと、木炭デッサン風のよりリアルな絵があらわれた。「木炭デッサン風」と書いたが、実際に木炭を使って描かれたものだ。洞窟のなかで木を燃やし、その上に石をかぶせてくすぶらせる。クロマニョン人たちは自家製の木炭を使って、さまざまな動物を描いた。クマ、ライオン、サイ、ウマなど一四種、四二五体が描かれているという。

ショーヴェ洞窟画(Chauvet et al., 2001)

奥の方の開けた空間、広い壁面に動物たちが重なるように描かれた場面が圧巻だ。無駄のないきれいな線。その内側を指でこすってぼかし、ひきしまった筋肉の立体感まで表現されている。黒い輪郭線のまわりを削って粘土質の岩の白い肌を見せ、輪郭をよりくっきりと浮き立たせている部分もある。

これまで見てきた洞窟壁画のなかでも、とりわけ古い時代のものだけれど、もっとも写実的で、もっとも技巧的だと感じた。絵を描くことの目指す先が、もしも現実を写実的に写すことなら、この後期旧石器時代にすでに最高点に到達してしまったのではないか。そんな生意気な感想さえもった。

でも、そうではないから、絵はおもしろい。同じ洞窟のなかにも、写実性を究める表現とは異なるタッチのものがあった。入口の赤いドット絵もそうだし、輪郭のみのシンプルな線画もある。泥絵のフクロウは、粘土質の壁面を指でえぐって描いた素朴なタッチで、陶器の絵付けを思わせるようなおおらかな姿をしていた。

描かれた時期に幅もあり、すべてを同じ人物が描いたわけではない。でも、すぐ近くのお手本と同じ表現を追究するだけでなく、画材を変えたり、画風を変えたりして、新しい表現を試みたことがわかる。それが、近代や現代のアートの話でなく、人類最古の絵の話なのだ。人間は、つくづく新しい表現を求めたがる性分なのだなあと思った。

アルデシュ川の流れは、澄んだ青緑色をしていて、夕日に染まりはじめたポン＝ダルクの白灰色の岩肌が映えた。絵を描いた当時の人たちも、この穏やかな流れを見つめていたのだろうか。

さて、この旅の最終目的地は、スイスのローザンヌにあるアール・ブリュット・コレクションだ。前述のように、アール・ブリュットとは、正規の美術教育を受けずに自発的な表現活動をおこなう人たちのアートのこと。その概念を提唱したフランスの画家、ジャン・デュビュッフェのコレクションにはじまる美術館だ。

洞窟壁画からアール・ブリュットへ、その道すがら、各地の美術館や博物館を訪れた。ネアンデルタール人の石器、クロマニョン人の壁画、ケルトの遺跡、エジプト文明の出土品、中世の絵画、ホドラー、クレー、ピカソにバスキア、各地の民族アート、そしてアール・ブリュット。さまざまな時代、さまざまな場所でおこなわれた人間の創作活動と向きあう旅となった。

思いのほか印象に残ったのが、ジュネーヴのバルビエ＝ミュラー美術館という小さな美術館だ。街なかの通り沿い、見過ごしてしまいそうな狭い間口の建物にある。展示物の数は少ないが、コレクションのセンスがいい。アフリカやポリネシアの交易で手に入れたものを中心に、選りすぐりの装飾品や仮面などが展示されていた。

目をひいたのが、無数の白いビーズでつくられた仮面だ。よく見るとビーズは、三ミリほどの小さなタカラガイでできている。その小さな貝殻の一つひとつに、小さな穴を開けて糸を通し、仮面に編み上げたものだった。

ほかにも、木の棒の表面にミリ単位のレース模様のような彫りがほどこしてあるもの、油断したら破れてしまいそうな薄い金箔に繊細な模様が刻まれたものなどもあった。

それぞれの制作過程を思い浮かべると、高度な技術力を駆使した、気が遠くなるほど根気のいる作業だったはずだ。キャプションは少なく、なんのために、どんな人がもっていたのかはわからない。しかしいずれも、貴重な材料をふんだんに使い、一流の技術者が、時間と労力を惜しまずにつくったことだけはわかった。

以前、アール・ブリュット作品の、気の遠くなるような緻密さ、高度な技術力と費やされたエネルギーに圧倒されたことを思い出した。

膨大な時間、労力、技術、資財をいかに費やせるか。

もちろん民族アートでは、そのことが社会的なステータスとなり、交易で金銭的な価値を生み出すという面もあるだろう。ただ、それだけなら、贅沢な材料で同じようにつくるだけでもよいはずだ。でも、無数の小さな貝殻を集め、一つひとつビーズに加工して編みこむ。ただの棒きれに繊細な模様をほどこす。ありきたりの材料にも手間をかけて、ほかにはない新しい表現を生み出そうとする。

やはり、アートとは石ころを拾うようなことではないか、それまでもっていた概念をこわして、価値のないものに価値を与えることなのではないかと思った。

拾った石ころに自分だけの価値を見出すときと違うのは、そこに「手」がくわわることだ。いかにすぐれた「手」をくわえるか、いかにたくさんの「手」をくわえるか。アートの語源は、元をたどると、ギリシア語のテクネ(techne)。すなわちテクニックの語源でもあることにつながってくる。

　さて、いよいよローザンヌの町。バスに乗ってアール・ブリュット・コレクションを目指した。

　まず一階で出迎えてくれたのが、拾ってきた流木と藁《わら》を組み合わせてつくった巨大なウマの彫刻、ロドルフォ・アベッラの作品だ。木を削って加工した方が思いどおりに形をつくれそうだが、絶妙な形の流木が見つかるまで探して歩いたのだろう。自然の流木の形をそのまま利用しているのに、筋肉の具合も見事に表現され、力強いウマがそこにいた。

　ひときわカラフルな作品にも目がいった。海や森などの風景が額縁のなかに半立体的に表現された箱庭のような作品だ。いろんな色の小さなパーツが点描のように無数に組み合わさっている。半透明の飴のような色合いなので、プラスチックかと目をこらすと、色の粒一つひとつが、小さな貝殻やサンゴを絵の具で染めたものだった(パウル・アマールの作品)。

　階を上がると、奥の部屋の壁に貝殻の仮面が展示されていた。あれ、バルビエ＝ミュラーの民族アートの仮面に似ている、と思った。ただし先の仮面とは対照的で、巨大な貝殻を大胆に組み合わせている。少しひょうきんですごみのある顔は、「ある」というより「いる」という気配があった(パスカル＝デジール・メゾンヌーブの作品)。

　これらの作品には共通するものがある。それは「見立て」だ。なにかを別のなにかに見立てる。この見立ての想像力こそ、人間が独自に身につけた特徴なのではないか。チンパンジーと人間の子どもの描画の研究から見えてきた答えの一つだ。

見立てによって、ただの石はだいじな「石ころ」になる。そこに手をくわえることで「石ころ」はアートになる。


このタイムトラベルのような旅が進むうちに強くなった思いがある。それは、同じホモ・サピエンスであるわたしたちの表現活動が、クロマニョン人の壁画から現代にいたるまで、ほとんど変わらないということだ。時代や文化を超えて作品をシャッフルしても、違和感はないのではないか。お互いのそれを見たらきっと、いいねえ、といいあえるのではないか。多様な表現に接したことで感じたのは、むしろその普遍的な部分だった。

フランス語でアールはアート、ブリュットは生。どうしても表現をせずにはいられない、なぜだかアートを求めてしまう。そんなわたしたち人間の根底にあるこころはなにか。さまざまなアートに触れることで、そのブリュットの部分を抽出してみたい。

手の想像、目の想像

慣れない切り出しナイフを握り、木でスプーンをつくった。はじめはおそるおそる、でもすぐに楽しくなってざくざくと削る。頭に思い浮かべたイメージと重ねながら、ときどきスプーンのもちやすさを確かめ、口あたりも想像してみる。ここをもっと削ろう、ここにもっとカーブがほしい。求める形がおのずと見えてくるようで、ただ無心に手を動かした。

ナイフとやすりで形を彫り出したあとは、目の異なるサンドペーパーを順にかけて仕上げる。手をかけるほど木の質感がなめらかに変わっていく。

ふと窓ガラスに映った人影にぎょっとした。手にナイフを握り、頭まで木くずにまみれた自分の姿だ。夕方に作業にとりかかり、気づいたら夜も白みはじめていた。しかし気分は爽快だ。木を削って形を彫り出す行為に、すっかり没頭していた。

前職の大学で二年間だけ図工の授業を担当した。「大学で図工？」と驚かれることもあるが、小学校や幼稚園の教諭、保育士の養成課程では、資格取得に必要な単位だ。どのように教えるかの指導法の科目もあるが、図工室で実際に手を動かす授業を担当していた。

とはいえ図工教育の専門家ではない。しかも、それまで相手にしていたのはチンパンジーだ。どうせなら、ちょっと変わった視点からの授業をと考えて、全体目標を想像力を鍛えることとした。これまでの研究からいたった結論が「想像こそ創造の母である」だからだ。

その一つが木のスプーンづくり。教えるためにまず自分で手を動かしてみて「あ、これか!」と思うことがあった。

絵を描くことに必要な能力が想像力だとすれば、進化の過程で、想像力はなぜ生まれたのか。その一つの背景に石器製作が関わっているという説がある。

いまのところ、見つかっている最古の絵は、三万年前から四万年前のホモ・サピエンスのものだ。いっぽうで最古の石器は、約三三〇万年前と推定されている。つまり、絵を描きはじめるよりずっとずっと前から、そしてホモ・サピエンス以前の古い人類たちも石器をつくって暮らしていたわけだ。

壁画が見つかる後期旧石器時代には、一つの石片から複数の用途別の石器をつくるようになっていた。左右対称の美しい形に仕上げるには、完成形をイメージしながら加工する必要がある。その過程で想像力が磨かれたという説だ。今回、木のスプーンをつくってみて、その説をはじめてからだで理解できた気がした。

そこで学生たちにも「人類の想像力の起源」という壮大な話をしてから、スプーンづくりに挑戦してもらうことにした。

まずは、デザインのアイデアをスケッチする。次に、材料となる角材の側面に、できあがりイメージの正面から見た形と横から見た形を下描きする。このとき横からの形が意外とむずかしい。目の前にお手本がないとイメージしづらいのだ。いっぽう、正面からの形はすんなり描ける。スプーンの絵といわれて多くの人が描くような、丸い面にもち手がつくという機能を表しているせいだろう。

それでも、いざ削りに入れば、みんな集中して作業を進めた。慣れないナイフの扱いにてこずりながらも、手を動かすうちに、ああしたい、こうしたいとイメージが膨らんでくる。大きさや形にそれぞれの個性が表れ、思い思いのモチーフを彫り込んだものや、凝ったデザインのものなど、なかなかの力作がそろった。

人類が何百万年もの長いあいだ石器づくりをしていたことに通じるものがあるのだろうか。ものづくりの過程には、わくわくするような、つい没頭してしまうような不思議な魅力がある。はるかむかしに石器をつくっていた人たちも、道具としての必要に迫られていただけでなく、ものづくりの行為そのものがおもしろいと感じていたのではないかと思った。

でも、頭のなかでイメージを思い浮かべるのと、手を動かしながらイメージを思い浮かべるのとでは、やはり想像の質が違うようにも感じた。

石器をつくるときに完成形をイメージする場合、それは、いま削ろうとしている石片がこれからどうあるべきかという未来の姿の想像だ。ここをもう少し削ったらこうなる、という動作に結びついたイメージでもある。

いっぽう旧石器時代の洞窟壁画には、壁面の凹凸や亀裂をさまざまな動物の形に見立てた絵が多くある。たとえばスペイン北部にあるアルタミラ洞窟では、岩の膨らみ一つひとつをバイソンの姿に見立て、岩の亀裂がバイソンの輪郭線の一部に利用されていたりする。そのときのイメージは「いま・ここ」にある岩そのものとは関係のない、別の物の姿、つまり恣意的なイメージだ。この「なにか」を別の「なにか」に見立てるという想像力が、絵を描くことや芸術に深く関わっているのではないかと考えている。

そこで図工では「見立て」を意識した課題もいろいろ考えた。

たとえば、都道府県の地図を「なにか」に見立ててらくがきをするという課題。鉛筆一本でできるお手軽な課題だ。実際にやってみると、よく知っている県より、あまりなじみのない県の方が見立てやすい。何県の地図かがわかっていると、別の「なにか」として見るのに、いったんその見え方を崩す必要があるからだろう。

そんなときは、地図を回転させたり、全体をぼんやり眺めたり、地図のなかの一部分に注目したりすると、別の物の形が見つかりやすい。つまりコツは、視点をずらすこと。同じ地図なので見立てかぶりが多いのではないかと思ったが、予想以上に多様な見立てが集まった。

絵を描くという行為を省いて、「見立て」に特化した写真の課題もおこなった。大学の周囲

「ファスナーの船」 ©鈴木康広

を散策し，物を「なにか」に見立てて写真を撮る。配置を変えたり，ほかの物を添えたりしてもよいことにした。

参考にしたのが，現代アートの作家，鈴木康広さんだ。「ファスナーの船」という作品では，船のうしろにできる波の軌跡をファスナーが開いていく様子に見立てて，実際にファスナー形の船をつくってしまった。そんなユーモアにあふれた見立てを取り入れた作品が多い。

ツイッターにも，日常の風景にちょっとだけ手をくわえた楽しい見立て写真があげられている。授業で紹介したら，学生たちが，がぜん乗り気になった。

簡単そうでいて，いざカメラを構えてみるとむずかしい。いったん「なにか」に見えている物を別の「なにか」に見立て直す。このとき，目に入る一次的な視覚情報は変わらないはずだけれど，その情報を処理する過程で，いま見えている物のスキーマ（その物についての一連の知識）を解体して，別の物のスキーマをあてはめる必要がある。

見つかりやすいのは顔だ。顔のスキーマは，目，目，口，といったわかりやすい構成要素からなるので見立てやすい。似たような大きさの物が二つ横に並んでいれば、それを目の要素としてとらえ、顔と認識できる。口や顔の土台となる要素があれば、もっと顔に見えやすいし、配置が少し変わるだけで表情も違ってくる。木の葉に石ころ、窓に椅子にちょうつがい、個性豊かな顔があちこちにひそんでいた。

やはりコツは視点をずらすことのようだ。しゃがんだり、上を見上げたりすると、ふだん目にとまらない物が目に入る。あるいは、見慣れた物でも、首を傾けたり、裏側にまわったり、近寄ったり、遠ざかったり、ほかの物と組み合わせて見たり。視点をずらしてみるうちに、ふっと「なにか」が見えてくる。

「見ること自体がすでに創造的な作業であり、努力が必要なものだ」

マティスの言葉のとおりだ。

その見立てを人にも伝わるような写真に収めるには、もうひと手間必要だ。アングルや風景の切り取り方を工夫しないと、それらしく見せるのはむずかしい。だからこそ、自分の見立てが伝わればうれしいし、見た方も頭をひねって「あ、なるほど！」とわかる瞬間が愉快だ。

インターネットのインタビュー記事によると、鈴木康広さんは、見立てによって物がまったく別の物に置き換わる瞬間に惹かれるそうだ。圧縮されていた記憶がひきだされ、一気に全体をつかめたような感覚、その「わかる」感覚を追求したいという。

見立てを取り入れた作品を見るとき、わたしたち鑑賞者の頭のなかでも、既存のスキーマが別の物のスキーマに置き換わる。ヒントが与えられているとはいえ、少し主体性が必要なことも楽しい要因なのかもしれない。

アーティストの柔らかな発想によって、いつも見慣れている物がまったく別の物に置き換わる。その瞬間、天動説から地動説に変わるような、ぐらぐらと揺らぐ感覚が味わえる。一本取られたような、すがすがしい気分だ。

そしてその「ぐらぐら」にアートのだいじなツボが隠されているのではないかと思っている。「はじめに」で紹介した「ルビンの壺」の見え方の揺らぎにもつながるものだ。


思いがけず担当した図工だったが、自分でも手を動かして試行錯誤することで、たくさんの発見があった。図工の授業のときが一番頭をつかうと学生がいうので、ほかの授業で頭をつかっていないのかと少し心配になったりもした。

でもたしかに、想像したり、アイデアを練ったりするときと、覚えたり、論理的な思考をしたりするときとでは、あきらかに頭の別の部分をつかっている感覚がある。子どものころより頭が固くなっているのを実感したという声も多かった。

とはいえ、一番頭をつかったのは、想像力をつかう課題を毎回考えたわたしだったような気もする。

考える、考えない

イラストレーターの黒田征太郎さんからお手紙をいただいた。以前執筆した、石ころのことやら、無駄なことを真剣にできるおとなのことやらに共感してくださったという。そのだいじな手紙を握りしめて、大阪の心斎橋にある「KAKIBA（描場）」を訪れた。

アトリエでありギャラリーでもあるKAKIBAには大きな机があり、黒田さんはそのときも絵を描いていた。声をかけると、満面の笑みで迎えてくれた。

なぜお手紙をくれたのか。自分はなぜ絵を描いているのか。どんな経緯でここにいるのか。わくわくするようなお話に、こころからうなずくことや、刺激を受けることがたくさんあった。まさに、無駄なことを真剣にできて、石ころに価値を見出せるおとなだった。

その日、黒田さんが描いていたのは箱舟の絵だった。いろんな色の奇妙な生き物をクレヨンで箱舟に乗せていく。乗員がだいぶ増えたところで、青いインクの瓶のふたをはずし、画用紙に直接ばしゃっとたらした。グラスの水に指をひたし、青を薄めて背景を染める。緑のインクもたらっと垂らしてなじませると、そこは深い海になった。インクが乾かないうちに、別の紙を何枚かちぎって載せる。その上から手でばんばん叩いて水分をおさえると、今度は一枚ずつそっとはがした。インクが紙にうつって、海はぼんやり霞がかった。はがした紙は床に落としたが、そのなかの一枚を手に取り、だいじそうに机の脇に置いた。

海に浮かんだ箱舟の絵を眺めながら、黒田さんは、ちょっと一服といった様子でグラスの水をごくんと飲んだ。思わず、あっ、と声がもれてしまった。グラスの水は緑っぽいが、お茶の緑ではない。指をひたしたときのインクの色だ。

真剣な顔をしていた黒田さんだが、にこっと頬を緩ませて「まあ、どうもないやろ」といった。なんだかそれだけで、この人は信頼できるという気がした。

さて、今度は水分をおさえるのに使った紙を取り出し、インクがうつった部分を黄色とオレンジのクレヨンでふちどった。そこに、大きな黒い目と、青い体が与えられる。鳥人間のような、ひょうひょうとした生き物があらわれた。

目の前で絵が生まれる過程がおもしろくて、固唾をのんで絵の行方を見守った。わたしがあまりにじいっと見ていたからか、黒田さんはその鳥人間の絵を「はい、研究資料」といってくれた。

ものが生み出される瞬間に興味がある。創造の過程では、いったいなにがおこるのだろう。芸大の大学院生だったころ、詩人の谷川俊太郎さんの特別講義を受ける機会があった。音楽学部の授業だったので、詩の朗読はもちろん、CDラジカセをかけて生歌も披露してくれた。かざらないけれど温かい人柄がにじみでていて、教室じゅうがすぐに、こころをつかまれてしまった。質問の時間があったので、わたしも詩が生まれる瞬間についてたずねてみた。

「それはね、なんにもない、からっぽのところから、ぽっと出る。お風呂のなかでおならをするみたいに。自分が無になっているとき、座禅してるときみたいにね、そんなときにぽっと出てくる。頭から入っちゃうようなのもあるけど、そういうのは、やっぱりよくないんだよね」

とても腑に落ちる言葉だった。頭で考えてひねり出すのではなく、からっぽのところからぽっと出る。それこそ、頭でわかるのではなく、すっと腑(内臓)に落ちた気がした。そういえば、谷川さんの詩は、頭で考えさせられるというより、からだに響く感じがするなあと思った。

表現やものづくりに関わる人が制作について語るとき、この「考えない」というキーワードがたびたび出てくる。

たとえば、絵本作家の荒井良二さん。テレビのインタビューのなかで「はじめから頭で考えない。線を描いたり、消したり。そのなかからぽっと生まれる」とおっしゃっていた。頭で考えたものを描くのでなく、適当に手を動かしているうちに生まれる偶然の軌跡にゆだねる。そこに想像力を働かせて描く様子は、ピカソの制作風景とも重なる。

画家の横尾忠則さんも「どういう描き方がいいかを考えるのではなく、対象自体が求める表現を受信するまで待ち続ける」のだそうだ(岩波書店『図書』二〇一四年七月号)。自分の力ですべてコントロールしようとするのではなく、どこか受け身の姿勢が必要なのかもしれない。

黒田さんも、自分の絵はやりこめる絵ではないという。置かれた状況で描くものが変わる。机の上のでこぼこや汚れも、ときには風で飛んできた木の葉も、偶発的なものをどんどん取り入れる。本人にもなにが生み出されるかわからないどきどきがあって、毎日、毎日、描きつづけているのに、描くことがとにかく楽しいという。

「おおげさにいえば、神さまからのメッセージみたいなもの。そんなに大それたものだとは思っていないけど」

その後も、黒田さんが実際に描いている様子を何度か拝見しているが、音楽に合わせたライブ・ペインティングのときなど、たしかにちょっと憑依されているみたいに見える。描いているときのことは、無我夢中で覚えていないらしい。

先史時代の洞窟壁画が描かれた背景には、シャーマニズムなどの儀式的なものが関わっているともいわれる。きっと、黒田さんのような人が絵を描いていたんじゃないかと、ひそかに思っている。

そして、建築家の藤森照信さんも「考えない」人の一人だ。屋根からマツの木やニラを生やした家、宙に浮いたお茶室など、子どもごころをくすぐられるユニークな建築物を設計している。

やはり学生のころに講演を聞いたとき、最初に設計したという神長官守矢史料館《じんちょうかんもりや》のエピソードがつきぬけていた。枝のついた木の柱がにょきっと屋根をつきぬけている建物だ。設計で柱を描いているときに、たまたま勢いあまってはみ出してしまった。それがおもしろかったので、実際につくってしまったのだという。


こうして並べると、「考えない」人たちには共通する点がありそうだ。まずは、そのときにおこった偶然を楽しんで取り入れるという柔軟な姿勢だ。逆にいえば、頭で考えたプラン通りに制作しようとすると、どうしても自分の癖やパターンが出てきてしまって、枠からぬけだせないのかもしれない。

また「考えない」人たちは、むしろ人よりも「考える」人たちのようにも思える。

たとえば藤森さんは、もともと建築史が専門で、見て、調べて、考えるということをひたすらやってきたそうだ。設計をするようになっても、まずは、ほかのどんな建築にも似ないようにと頭で考える。そこに偶発的ななにかがくわわったとき「ちょっと越える」のだという。

最近の講演でも「発酵させているものを出すようなものだと思っている。そこに光をあてると、菌が死んでしまうような気がする。だから考えないようにしている」とおっしゃっていた。

いろいろなものに目を向け、いろいろなことを感じ、いろいろなことを考える。そうして蓄えられたたくさんの材料が、その人のなかでまじりあい、じっくり醸される。そこに外からちょっとした刺激があると、さらに発酵が進んで、ぽっと出てくるようなものなのかもしれない。それは科学者の発見とも通じそうだ。アルキメデスの「ユリイカ」や、ケクレのベンゼン環など、発見は、しばしばお風呂や夢のなかでおこる。とにかく考えて、考えて、考え尽くしたすえの一瞬の「考えない」無の瞬間なのだろう。

そもそも「考える」とは、考えのもとを一つひとつ整理して枠におさめていくような行為でもある。似たものを集めてカテゴリー化し、その関係性を整理する。でも、そうして枠におさめていくだけでは、新しいものは生まれない。枠からはみ出すような、枠をこわすようなきっかけが必要だ。

天才でなくても、なにかアイデアを練るときには、机の前でうなるのではなく、一度寝たり、外を散歩したりする方がいいとよくいわれる。いま原稿を書きながらも実感していることだ。わたしの場合、テーマに関連したキーワードやエピソードを書き散らかしてから、それを整理していく。最初は、あまりの散らかりように、放り出したくなることも多い。でも、地道に「考える」をつづけるうちに、少しずつその置き場所が見つかっていく。ただ、それだけだと、なんとなくおさまりがつかないことがある。

そういうときは、一度頭のなかをざっくりとかき混ぜたくなる。時間があれば、しばらく

「考えない」ことにして原稿を寝かせておくが、締め切りに追われているときはそうもいかない。少し散歩に出て頭のなかの空気を入れ替えたり、さかだちをして頭をさかさまにしてみたりすることもある。

さかだちぐらいで本当に頭のなかがかき混ぜられたら大変だけれど、ふとした瞬間に、ばらばらだったものをつなぐ「!」が見つかることがある。意外なものがむすびつくと、パズルのカギとなるピースが見つかるときのように、すっと全体が見えてくる。それが自分でも見たことのない風景だったりすると、こっそりガッツポーズしたくなるぐらいうれしい。

「手の想像、目の想像」で書いた「見立て」のコツは、視点をずらすことだった(36ページ)。視点をずらすことで、固定観念が解かれ、ものごとの新たな側面が見えてくる。もしかしたら「考えない」ということは、頭のなかで視点をずらすようなことなのかもしれない。いま考えていることからいったん目をそらす、あるいはそのためにまばたきをするようなことなのかもしれない。

その日、黒田さんは「少し遊ぼう」といって、画用紙を広げた。「ここに好きなしるしを描いてみて」と。わたしがクレヨンで適当に線や形を描くと、その上に加筆してユニークな絵に仕立ててくれた。真剣に、そして「考えない」で手を動かした。それは、とにかくわくわくする時間だった。

「考えない」には、人の目を考えないということもあるなあと思った。こんなふうに描いたら笑われるんじゃないか。こんな表現ではうまくいかないんじゃないか。ついつい考えてしまいがちだ。でも、恥ずかしいとか上手にとか、評価を考えなければ、表現は、ほんとうは自由で楽しいものだ。

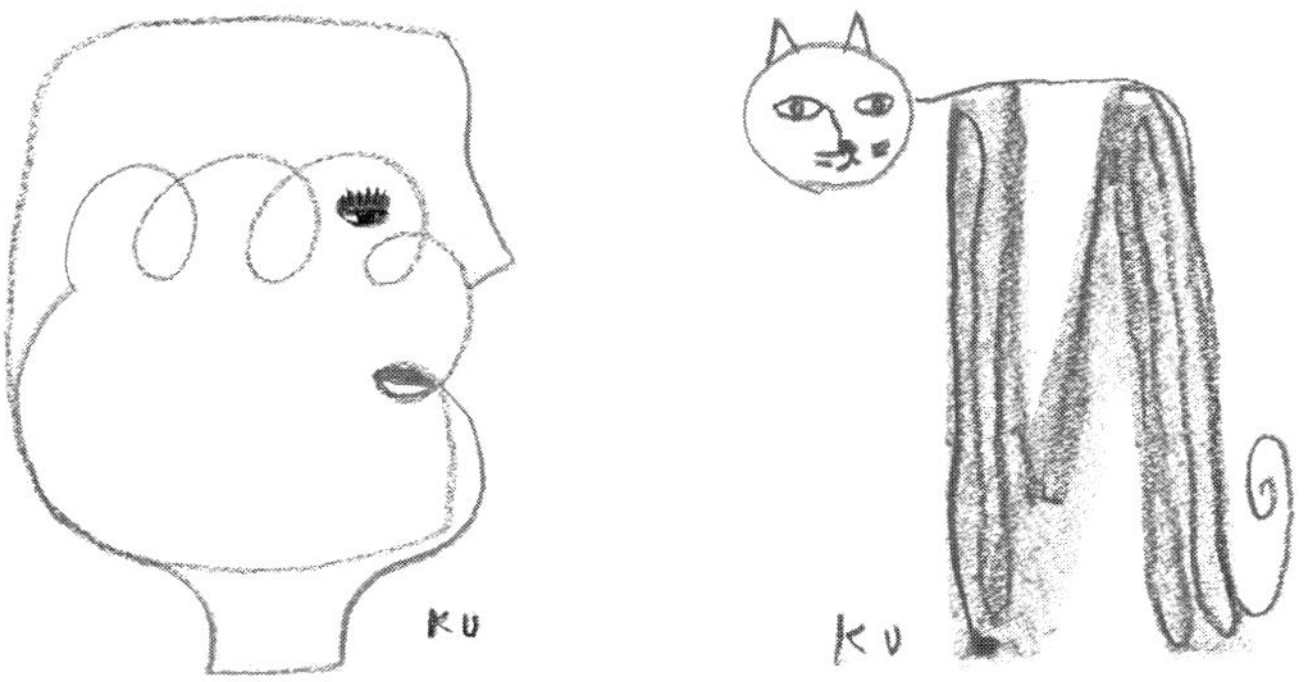

黒田さんとの合作

自由と不自由

ジャズ・コンサートの帰り道、明るい色づかいの絵が目にとまり、ガラスばりのギャラリーにふらりと立ち寄った。展示は相楽福祉会の作品展「SO LUCKY!!!」。京都府の障害者支援課が運営しているギャラリーだ。

選抜メンバーの展示ではなく、参加者全員の作品を一点ずつ。モチーフも描き方も、それぞれ独自の表現につきぬけていて楽しい。描いている対象が好きだという気持ちが、どの絵にもにじみでていた。好きなものを好きなように描く。それでいい、それがいいんだなあ。ジャズの余韻と重なって、しみじみ思った。

でも、いきなり「自由」に描いてくださいといわれたら、身構えてしまう人が多いのではないか。子どものころは、もっと「自由」に描けていたはずなのに、なんでこんなに「自由」がむずかしくなってしまったんだろう。

じつは子どもでも、白い画用紙に「自由」に描いてもらうと、アンパンマンや女の子など、いつもおきまりの絵になりがちだ。けれど白紙のかわりに、ちょっとした図形が描いてあったりすると、それをなにかに見立てて、おもしろい絵が出てくるようになる。少し頭をひねったすえに、へんてこなものが生まれる瞬間は、本人も見ている方も楽しい。

なにもないより、なにか枠があった方が「自由」に描きやすい。このことが、大学生の図工の授業を考えるヒントになった。その一つが、リンゴで喜怒哀楽を表現するという課題だ。「喜び、怒り、悲しみ、楽しみ、という喜怒哀楽の四つの感情をそれぞれリンゴで表現してください。リンゴに顔を描いたり、記号をくわえたりするのはなしです。そのかわり、リンゴは赤くなくていいし、丸くなくていいです。むしろ思いっきり気持ちをぶつけて、リンゴだってわからないぐらいに、めちゃくちゃにしちゃってください」

ふだん絵を描く場面では、自分は絵が下手だから、絵心がないから、としりごみする学生が多い。聞いてみると、見たものを形どおりにうつした写実的な絵が「上手い絵」だと思いこんでいるようなのだ。

でも、絵のおもしろさは形をうつすことではない。そのことに気づいてもらいたくて、形のない「感情」の表現に挑戦してもらうことにした。でも、それを白紙に「自由」に描くのは、ハードルが高そうだ。なにか枠になるものをと考えて、ふとリンゴを思いついた。もっともらしくいえば、ニュートンのリンゴであり、セザンヌのリンゴである。

まずは自分が実験台になる。下描きはせず、クレヨンで描くことにした。

最初に描いたのは怒り。はじめはつい赤いクレヨンを手に取ってしまった。最近の怒りを思い出しながら、少し乱暴に輪郭を描いて、色を塗る。その上から青や紫を重ねて色を濁らせてみたが、まだまだきれいすぎると感じた。茶色に緑に黒、色を重ねるうちに、眠っていた破壊の衝動がわいてきた。最初の輪郭をはみだして、なぐりがきのようにクレヨンを画面全体にぬりたくる。それがだんだん快感になって、描き終わったら、なぜか気持ちがすっきりしていた。

気分が変わったところで、次は楽しいリンゴだ。黄色やピンク色などの明るい色を選び、軽くはずむようなタッチで線を走らせてみた。鼻歌まじりで描くうち、気分もあがってくる。次に描いた「うれしい」との描き分けがむずかしかったが、楽しければまあいいか、とおおらかな気持ちで仕上げた。

そして悲しいリンゴ。アルトサックスのブルージーなメロディを頭に思い浮かべながら、水色や灰色などの冷たい色で、弱々しく描いた。背景も冷たい色にして、影を落とすと悲しい雰囲気が増した。描いているうちに、リンゴが自分のように思えてきて、悲しいけれど、いとおしいような妙な気持ちになった。表現は自分自身に向きあう行為なのだとしみじみ思った。

これは授業としていけそうだ。

学生たちも「え？　なんでリンゴ？」といいながらも、案外楽しそうに描いてくれた。四種類×人数分のぶっとんだリンゴが並んだ様子は圧巻だった。予想した以上にバリエーションがあり、色や形、大きさ、線の濃淡、タッチの違いで描き分けるほか、模様や背景を工夫したもの、食べかけや虫食いなどのリンゴの状態で表現したものまであった。

怒りのリンゴでも、人によってまったく異なる。たとえば、大きくてとげとげで、爆発しているようなリンゴがあれば、小さいけれど色がべったり層状に塗りこめられたリンゴもあった。作者の説明を聞くと、とげとげリンゴの作者は、いつも外側に怒りを発散するタイプであり、厚塗りリンゴの作者は、怒りをうちに秘めるタイプだということがわかった。リンゴのまわりに小さなリンゴをたくさん描いた人は、いつも家族や友人がなだめてくれるからだという。

表現だけでなく、喜怒哀楽の感じ方そのものも違うのだ。

「リンゴ一つでパリを驚かせてみせる」はポール・セザンヌの言葉だが、まさにリンゴに驚かされることになった。絵による表現の可能性とおもしろさ。それはアーティストだけのものではないと思った。

自由のための枠。次は材料に枠を与えてみた。たとえば、新聞紙と雑誌だけでちぎり絵をつくる課題だ。「エコ」でお手軽な材料だけれど、雑誌は発色がよく、新聞紙をちぎると和紙のようなやわらかい色合いが出る。

実際にやってみたら、もう一つい い点があった。色を探すというひと手間がくわわることだ。青い色を使いたいときには、新聞紙をめくり、目を皿のようにして青を探す。空の青に海の青、サッカー日本代表のユニフォームの青。写真だけでなく、絵や文字の青も使える。結果的に、色合いやテクスチャが寄せ集めになり、パッチワークのような味のある仕上がりになった。

最初は、材料だけを制限して、テーマは「自由」に設定していた。でもそうすると、大学生でもキャラクターものが多くなる。そこで、テーマにも枠を与えることにした。モチーフは植物に限定する。それも「もしも自分が植物だったら、こんな植物」というむちゃぶりだ。

すぐに好きな植物が思い浮かび、図鑑などで形を確認しながら制作に入った学生もいたが、なんとなく好きな色を集めているうちに形になった、という学生もいた。ヒマワリ、ユリ、バラなどの花をはじめ、さまざまな種類の草花、木、食虫植物、海藻、くだものに野菜、想像上の植物も出てきた。

できあがった作品を廊下に展示した。自画像は、自分がさらされるようで気恥ずかしいものだが、身代わりの植物ならあまり恥ずかしくない。でも、その人らしさは、植物の種類だけでなく、ちぎり方にも表れていた。几帳面にちぎって細部まで表現したものがあれば、大胆にちぎって、もとの写真や文字をテクスチャとして活かしたコラージュ風のものもあった。

こうして課題を試すうちに、案外、枠を与えた方が学生もやる気を出すことがわかって、調子にのって無理難題を考えるようになった。限られた材料や、むちゃぶりテーマだと、上手・下手の問題よりも、アイデアや工夫の力がものをいう。

逆説的だが、不自由な方が自由になれるのかもしれない。すべてが自由だといわれると、無重量空間にぽんと放り出されたような不安な気分になる。でもそこに枠があると、とっかかりができる。こわしやすい簡単な枠があれば、思いきり枠をこわせるのだ。そうして枠をこわすのが気持ちいいのは、こわすという行為のなかに「自由」を感じるからなのではないか。

ギャラリーを訪れる前に聴いていたジャズも、まさに枠をこわす芸術だ。音楽学者の岡田暁《あけ》生《お》さんの解説を交えたフィリップ・ストレンジさんのピアノの実演だった。

ジャズのセッションでは、基本の形をアレンジして順番に演奏する。一度うまくいっても決してそれを定型化しないのだそうだ。つねに形をこわすことで、未知との出会いを求める。ほんものの音楽は神様が降臨するようなものなのだという。

つまり毎回が枠をこわす挑戦だ。でもそうやって自由に演奏できるのは、お互いが基本ルールやコードを共有しているからでもある。この場合もまた別の意味で、枠があるからこそ、安心して枠をこわすことができるのだろう。

そして、枠には伝統の枠もある。学生のころに聞いた能楽師の片山清司《きよし》(現・十世片山九郎右衛門)さんの講演が印象的だった。

能の稽古では、とにかく型を覚えなくてはならない。他人の轍《てつ》を踏むことを強いられるのは、とても苦しい。しかし、世阿弥に「稽古は強かれ、情識はなかれ」という言葉がある(『風姿花伝』)。いかに自分をゼロにして吸収できるか。そして、自分のイメージを排することではじめて得られるものがある。不自由のなかの自由にこそ、喜びや創造性がある。

そんなお話だった。つまり、自分独自の表現などと考えるよりも、まずはきっちり枠を身につけることが肝心だ。そのうえで身についた枠を破るとき、はじめて創造がある、ということ。日本の武道や芸能の修業には「守破離」という言葉がある。守る、破る、そして離れる、だから、さらにその先に、枠を意識しないぐらいの究める境地があるのかもしれない。

考えてみると、わたしたちは知らず知らずのうちに、たくさんの枠に囲まれて暮らしている。所属する社会の常識、学校で教えられた知識、生まれた時代の価値観、既成概念、自分の癖や思考パターン。もちろん、そうした枠があるおかげで、効率よく、しかも安心して社会生活がいとなめる。

でも、枠のなかだけで過ごしていたら息苦しくなる。そして枠がつねに正しいとも限らない。そんなときこそアートだ、と思う。アートには、枠をこわして、新たな価値や新たな物の見え方に気づかせてくれる力がある。それは枠の外にいるだれかに暴力を向けるようなものではない。自分自身がとらわれている枠に気づき、それを内側からこわす力をひきだしてくれるもののような気がしている。

ほんとうの自由とは、あらかじめ与えられた状態のことではなく、自分で枠をこわすプロセスにこそあるのではないか。

自然の美、人工の美

茨城の実家に帰ると、毎回のように訪れる場所がある。海にほど近い、丘の上にある神社だ。三〇〇メートルもの長い参道があり、タブノキとヤブツバキの古木がトンネルをつくる。ゾウのような木肌にタコのような枝振り、その根はがっしりと石垣を抱える。崩れかけた石畳にところどころ木漏れ日が差し込み、ひんやりとした風が通り抜ける。耳を澄ますと、かすかに潮騒《しおさい》が聞こえ、しめった空気が少し塩っぽい。

神社の先の岬には白い灯台がある。水平線がまあるく見渡せる絶好の場所だ。その脇に階段があり、海まで一気におりていける。

一時期、原因不明の微熱と体調不良に悩まされたときも、ここをよく訪れた。白亜紀の地層だという岩場に、太平洋の荒い波が、くりかえし、くりかえし、ぶつかっては砕け散る。その圧倒的なエネルギーを前にすると、ちっぽけな人間の熱が一、二度高いことなんて、地球にとったらなんてことないと思えた。

波は決してとぎれることなく、同じリズムで寄せることも、同じ形をつくることもない。あたりまえのそのことに、いつもほっとする。もしも波が、五秒間に一回、高さ一二〇センチなどと決まっていたら、世界は息苦しくてとてもやっていられない。

海は、そのときの天気、太陽の位置、潮の満ち引き、風の強さによって、いつも違う表情を見せる。鮮やかな青色でくっきり水平線がひかれているとき、空と海の境目がない一面灰色の世界のとき、風でつんつんと青黒い波が立ち、雲間から射す光がまだらに揺れ動くときもある。空がうっすらピンク色に色づきはじめた夕方、めずらしく明るいヒスイ色のうねりを眺めていたら、波が砕ける直前に波頭の下で色がぎゅっと凝縮することに気づいた。ほんの一瞬だけあらわれるその色は、うぐいすもちのようにつるんと透明で、どきどきするほど美しかった。


自然を美しいと感じるのはなぜか。自然の美に感動することと、人工の美、つまりアートに感動することは違うのか。

その問いをもつきっかけになったのが、アフリカの民族アートだった。

うす暗い展示室に、西アフリカのさまざまな年代の造形物が並ぶ。しばらく見ているうちに、ざわざわと鳥肌が立ってきた。仮面や装飾品、木彫などが多かったが、具体的にどれに感動したというのではなかった。そこに並んだたくさんのものに、ただ圧倒されてしまったのだ。なぜだかわからないまま、たしかに自然の美しさや大きさを感じたし、生と死ということが迫ってきたようにも感じた。

外見的な均整や洗練といった言葉とはほど遠い。その体験は、それまでに思っていた「美しい」とはまるで違うものだった。

アートは、あらかじめある美を追究するものではなく、自然のなかの「なにか」、人のこころに響く「なにか」を切り出してくるものなのではないか。だから実際に自然を見るという行為以上の強烈さをもたらすことがあるのではないかと考えるようになった。

その後、進学した芸大の大学院で、所属先の美術解剖学研究室の布施英利先生がレオナルド・ダ・ヴィンチの言葉をよく引用されていた。とくに「ダメな画家は画家に学ぶ、優れた画家は自然に学ぶ」という言葉だ。いろいろなアートに触れるようになって、それを裏づける事例によく出会う。

パウル・クレーもその一人だ。クレーの絵は抽象画が多く、いかにも自然を描いたという感じはしない。でも、スイスのベルンにある美術館を訪れると、再現されたアトリエに、鉱物や貝殻や植物の標本がいくつも飾られていた。クレーのバウハウスでの講義をまとめた『造形思考』に、こう書かれている。

自然研究者はさまざまの方法で習得し、作品へと変えられていく体験を通じて、自然の対象物との対話によって到達した段階を越えることを示している。自然を直観し、観察することに長じて、世界観にまで上昇すればするほど、抽象的な形成物を自由に造形できる。

こうして、抽象的な形成物は意図された図式的なものを越えて、新しい自然性、作品の自然性に到達する。そのとき、彼は一個の作品を創造するか、神の作品の比喩ともいえる作品の創造に関与する。

（パウル・クレー『造形思考』土方定一ほか訳、ちくま学芸文庫、二〇一六年）

つまり、なにより自然から直接学び、作品に反映させる経験を積むこと。自然をとことん観察することで、その「世界観」を身につけることができる。「世界観」が身につくと、抽象的な表現も自在にできるようになる。それは、自然をよく見ずに頭で考えた図式的な表現よりも、ずっと新しい、ほんものの創造的な表現になりうるのだと。

抽象は、英語ではアブストラクト。つまり抽出だ。自然からエッセンスを抽出するのが、抽象表現であり、それこそが芸術の本質である、ということだろう。古典的な芸術論では、芸術は自然の模倣であるとされていたが、むしろ自然からの抽出というべきものかもしれない。

クレーは「芸術の本質は、見えるものをそのまま再現するのではなく、見えるようにすることにある」ともいっている。抽出することで、人に見えていないものを見えるようにすることができる。

勤務先の京都造形芸術大学にできた「基礎美術」コースで、いけ花の珠寶《しゅほう》さんのお献花を見学した。

珠寶さんが花器の前に座って一礼した瞬間、準備でがやがやしていた空気がすっとひきしまった。思わず自分の背筋も伸びる。

ヒノキを真《しん》に据えると、ツツジやフジ、そしてハチクの筍までいけられていく。一つひとつの草木をとてもだいじに扱う様子が印象的だ。少し枯れているものも、虫食いのあるものも、同じようにだいじに扱われる。その手には迷いがない。適当な長さでさくっと切り、藁を束ねてつくった「こみわら」という花留《はなどめ》に、すっとさしこんでいく。

できあがったものは、気品があって、みずみずしくて、それこそ美しい。ヒノキの葉の流れがうねるようで、風を記憶しているみたいだと思った。自然を素材として美しく造形したというよりも、それまで見えていなかった自然の造形に目を向けさせられた気がした。

珠寶さんにお話をうかがうと、自然のなかに生えている草木を見て、その姿にはっとしたこと、自分が感化されたものを表現するのだという。まさに抽出であり「！」の表現だ。

「それぞれの草木が持っている天然の姿を生かして、立ち伸びる性質のものは天を臨《のぞ》むような姿に、また横に靡《なび》きしだれる枝はそのような出生の姿を尊重する」（珠寶『造化自然――銀閣慈照寺の花』淡交社、二〇一三年）

険しい場所に生えている草木の方が、中身がぎゅっと詰まって密度が高く、ユニークな枝ぶりをしているものが多い。いっぽう、ぬくぬくと育った木は、やっぱりぽーっと生えていることが多いというからおもしろい。だからたいていは、険しい岩山に草木を探しにいくのだそうだ。

自然の美しさ。それを言葉で表現するのはむずかしい。雄大、壮大、崇高。ほかは、息を飲むような、えもいわれぬ、筆舌に尽くしがたい、絵にも描けない、となってしまう。わたしたちにとって美しい自然とは、どうやら、とにかく大きくて、言葉や絵では表現しきれないようなもの、ということらしい。

体験として考えると、自然の美しさは、自分のちっぽけさを感じることと隣りあわせのような気がする。

たとえば、ふとした瞬間に見上げる夜空。たくさんの星が鮮やかに見えるときほど、宇宙はなんて広くて、自分はなんてちっぽけなんだろうと思う。

それは、自分の存在価値を否定するようなネガティブな感情ではない。自分の力がまるでおよばない大きな存在があり、自分はそのわずかな一部分であること。むしろちっぽけであることが、なんだかうれしくて、心底ほっとするような、幸福な非力感だ。

ふだんわたしたちは、目や耳などの感覚器官を通し、まわりの環境からつねに情報を読みとろうとする。それをもとに行動を選択するためだ。言葉を手に入れた人間は、目に入るものをつねに言葉でラベルづけすることで、その情報を効率的に処理し、伝達できるようになった。

でも、降ってきそうな星空は、ただの「星空」として分類できない。木霊《こだま》が棲んでいそうな苔むしたスギの巨木は、ただの「木」として分類できない。ラベルづけできないもの、情報化できないもの、つまり自分の既成概念をはるかに超えたものに、わたしたちは感服し、自然の美しさと感じるのだろう。

自然と人工――本来は線引きできるものではない。人間も動物であり、自然の一部だからだ。でも、それを対比的なものとして感じてしまうのは、ほんとうの美しい自然が、そうして人知を超えたものという感覚があるからなのかもしれない。

写真家の畠山直哉さんが『出来事と写真』(大竹昭子との共著、赤々舎、二〇一六年)でおっしゃっているように「自然とは、人間の原理を超えて現象しているもの」だとすれば、そのことを強く感じさせられるものに、美や畏《おそ》れを感じるのだろう。

珠寶さんは、お花をいけるとき、いつも緊張しているそうだ。でもそれは、人に対しての緊張ではない。大自然とか、かみさまとか、「もっと上の方のもの」に対しての緊張なのだという。

お献花の予定が決まれば、一年前からでも観客や会場をイメージして準備をする。でも当日、座った瞬間に、無になる。からっぽにして「考えない」。頭で考えてしまうと、これまでの経験の範囲でしかイメージできないからだという。

表現をする側も、いったん無になることで、自分を超える表現に挑む。それは「人間の原理」を超える部分を追求するということなのかもしれない。

自然の美しさを感じること、自然を畏れること、芸術を生み、芸術に感動すること、そしてもしかしたら、かみさまを感じること、その起源はとても近いところにあるように思う。

美しい、怖い

崖から落ちたその日、父と母は虹を見ていた。見たことのないまるい大きな虹。あわてて庭に出て二人で眺めたのだそうだ。

あとでその写真を見て、どきりとした。円形の虹は大きくておさまりきれず、二重になった下の弧しか写っていなかった。驚いたのは、そこに刻まれた時刻が、自分が崖から落ちた時刻とほぼ同じだったからだ。

こんなに美しいものを見てしまっていいのか。虹を眺めながら、二人は少し不安になったのだという。

美しいものに畏れを感じる。恐ろしいものを美しいと感じる。「美しい」と「怖い」は、どこかとても親和的なところがある。芸術作品にざわざわと鳥肌が立つこともあるし、怖いものや怖い場面は、古今東西、好んで取り上げられるテーマだ。

子どものころの愛読書は、もっぱら絵本や童話だったが、たまには図鑑を手にすることもあった。ひそかなお気に入りは「爬虫類」の図鑑。失礼ながら、爬虫類そのものへの興味はあまりなかったが、いつもどきどきしながら本を開いた。ページをめくっていって、ヘビのページにくると、ざわっと鳥肌が立つからだ。自分の意思とは無関係に鳥肌が立つのがおもしろくて、本棚の前で息をひそめてページを開いた。「怖いもの見たさ」の言葉どおり、怖いものには人を惹きつける魅力がある。

遊びにも「怖い」要素がある方がだんぜん盛り上がる。おにごっこにかくれんぼ、木登りにドッジボール。年上の子と遊ぶとスリルが多くて楽しいし、ブランコやシーソーなどの遊具も、ちょっと危険なぐらいの方がおもしろい。遊び慣れたすべり台でも、とびきり危険なのぼり方やすべり方を工夫するものだ。

チンパンジーが遊ぶときも、ちょっと「怖い」がある方が楽しそうに見える。

以前勤務していた京大の研究施設、熊本サンクチュアリでは、六〇人弱のチンパンジーが日替わりのグループで生活している。見ていると、とくに男同士のグループで、頻繁に遊びがおこる。おいかけっこやレスリングのような、けんかすれすれの荒っぽい遊びをして、チンパンジー特有の笑い声がこだまする。口をぱかっと開けたプレイフェイスといわれる笑顔で「これは遊びの文脈ですよ」とお互いに意思表示しながら遊ぶのだが、ちょっと力が入りすぎて、ほんとうにけんかに発展してしまうこともしばしばだ。

物をつかった遊びでも、やはり「怖い」がスパイスになりそうだ。

たとえば、ひと一倍からだが大きくやんちゃな若者のコナン。実験のために入れておいたシーツほどの大きな布を頭からすっぽりかぶった。しばらく布のなかで、なにやらごそごそしていたかと思ったら、布をかぶったまま歩き出した。布で周りが見えないスリルを楽しんでいるのだろう。首を左右にふりながら、ご機嫌なときの跳ねるような足どりだ。頻繁にからだをぼりぼりかくのは、少し緊張もしている証拠。立ち止まると、布の上から自分の鼻をかいて、ぐふぐふと一人笑いまでしている。

コナンはそのままわたしの近くにきて、格子を軽く叩くとゆっくり走り出した。おいかけっこの誘いだ。観察中なので、残念ながら誘いには乗れない。コナンは少し離れたところで足を止めると、ふりむきながら布をちらっとめくり、隙間からこちらの様子をうかがった。長髪をかき上げるようなそのしぐさに、思わずふきだしてしまった。

こうして、チンパンジーもちょっとだけ「怖い」のを楽しんでいる節がある。しかし、どう見ても人間ほど「怖い」のが好きな動物はほかにいない。ジェットコースターにお化け屋敷、ミステリーに怪談話、ゲームにギャンブルにバンジージャンプ。おとなになっても、しかもお金を払ってまで「怖い」を求める。「怖い」は、なぜそんなに人間を魅了するのだろうか。

背骨の骨折から復帰してまもなく、古本市をぶらぶらしていたら「恐怖」という背表紙が目に飛び込んできた(ラッシュ・ドージア Jr.『恐怖――心の闇に棲む幽霊』桃井緑美子訳、角川春樹事務所、一九九九年)。ちょうどＰＴＳＤ的な症状に悩まされていたので、なかば救いを求めるようにしてその本を手にした。

それは、恐怖という情動について、脳や身体の生理学的なメカニズムを中心に、進化的な背景から解説した本だった。現在進行形の自分の体験と重なって、これ以上ないリアリティを感じながら読んだ。おかげで、自分のからだとこころにおこっている出来事を客観的にとらえることができた。

恐怖は、身の危険を回避するための基本的な情動の一つであり、多くの動物に共通して備わっている。危険なものを察知すると、瞬時に身がすくんだり、飛びのいたりする。大脳辺縁系や、自律神経系を中心とした原始的なシステムだ。

危険に対する選択肢は二つ。逃げるか、戦うか。交感神経系を優位にして、心拍や血圧を上げ、筋肉や脳に優先して血液を送る。だからふだんは出せないような大きな力が発揮できることもある。「窮鼠《きゅうそ》猫を嚙む」や「火事場の馬鹿力」の科学的な根拠だ。

人間の場合、原始的な恐怖発生システムが作動してから、大脳新皮質の理性によるシステムで、危険の正体をつきとめる。さまざまな知識や経験を参照して、だいじょうぶ、これは危険ではない、あるいは危険は去ったと判断すると、副交感神経系が優位になり、恐怖の臨戦態勢が解かれる。

そのほっとするスイッチが、脳の報酬系だ。脳内麻薬物質ともいわれるエンドルフィンなどの神経伝達物質が放出され、快を感じる。ジェットコースターなど、安全が保証された範囲での恐怖が癖になるのはそのせいだとされる。

「美しい」が「怖い」と親和的な要因も、一つはこの報酬系にありそうだ。神経美学の川畑秀明さんらの研究によると、絵を見て美しいと感じるときにも、やはり報酬系が関わっているという。

自分が恐怖を感じた体験をあらためて思い返してみると、「美しい」につうじる部分はほかにもありそうだ。

たとえば、恐怖は頭よりも先にからだで感じるということ。原始的なシステムの方が、危険を察知してからの反応時間が短いからだ。見た物が「なにか」を認識するより先に、身がすくんで、冷や汗をかき、心臓がどきどきする。ふだん自分の心臓の動きを自覚することはあまりないけれど、このときばかりは心臓がその存在を主張する。自分のからだに、自分の意思や意識を超えた「自然」を感じるときでもある。

また、恐怖の反応として、置かれた状況を正しく把握するために、感覚や知覚が鋭敏になるということもある。神経伝達物質のノルアドレナリンが作用して、瞳孔も開かれ、世界がいつもより色鮮やかに感じられる。

そして、恐怖を感じた出来事は記憶にも鮮明に残る。今後似たような危険に遭遇したときに、もっとすばやく対応できるよう、神経細胞をつなぐシナプスの結びつきを強めるからだ。たしかに、こころをざわざわさせた芸術作品も、記憶に残りやすい。

あらためて考えてみると、それは「生きている」ことを実感させるような部分なのかもしれない。恐怖が、危険や死に直面したときのしくみであるからこそ感じる「生きている」という感覚だ。


はじめてボルネオの熱帯雨林を訪れたとき、驚いたのは、森がたくさんの音にあふれていることだった。圧倒的な種類の鳥や昆虫、ヤモリにカエルに、テナガザル。たくさんの生き物が発する声や音、なかにはいままで聞いたことのないような奇妙な物音までが、折り重なるように聞こえてくる。音だけではない。土のなかから樹高三〇メートルの木々の上まで、大小さまざまな無数の生き物の気配に満ちあふれていた。

目をこらすと、生き物同士が関わりあい、いまそこで命のやりとりが淡々とおこなわれている。そのなかに身を置くのは、ざわざわするような、ひりひりするような格別の感覚だった。

そんな複雑な生態系のなかでは、すぐ先の未来も予測がつかない。次の瞬間に、おいしい餌にありつけるかもしれないけれど、次の瞬間には捕食者に襲われて命を落とすかもしれない。うっかり大きな生き物に踏みつぶされたり、スコールで吹き飛ばされたりすることだってある。だからこそ、恐怖は多くの動物にとって、生死に直結するだいじな情動として進化してきた。

人間の場合はさらに、想像力を手に入れたことで、未来におこりうるよくない出来事を予想し、さきまわりの恐怖を感じるようになった。「不安」だ。だからこそ、危険を遠ざけるために、知恵をしぼって身のまわりの環境をつくりかえてきた。

でも「美しい」ものにぞくぞくする感覚は、頭で考えるもやもやした不安ではない。それは、予測のつかない自然のなかに身を置くときの、ざわざわひりひりするような感覚と似ている。アスファルトの上を歩き、エアコンの効いた部屋で暮らすふだんのわたしたちの生活では、すっかり忘れている感覚だ。

写真家の星野道夫さんの写真に、その失った感覚を思う。アラスカのきびしい自然のなかで、予測のつかない、いまを生きる動物たちの一瞬の姿がとらえられている。かれらの瞳は澄んでいて、真剣そのものだ。きびしいけれど、やさしい。そう感じるのは、ファインダーの先の動物たちと同じ空間に、同じ目線で生きていた、星野さんの誠実さとやさしさのようにも思う。星野さんの『クマよ』という絵本の一節だ。

もう何日も
おれたちは　同じ森の中で
ねむっている
しーんとした　夜のしずけさの中
カサカサと　ジネズミが

落ち葉の下を動いている
タッタッタッと　カンジキウサギが
　木々のあいだを　走ってゆく
おまえのすがたも　見えないが
その気配が　わかるんだ
もう何日も
おれたちは　同じ森の中で
ねむっている
夜になると　すこし　こわいんだ
どこかに
おまえがいると　思うだけで
テントの中で
じっと　耳をすましてしまうんだ
でも　そんなとき
ふしぎな気持ちになるんだよ
おれは
遠い原始人になったような気がして

おれは
動物になったような気がして
夜になると　すこし　こわいんだ

でも
そのふしぎな気持ちが　好きなんだ

（星野道夫『クマよ』福音館書店、一九九九年）

どんなに予測して身のまわりから危険を遠ざけても、自然は、やはりちっぽけな人間の力を超えたものだ。だからこそ恐ろしくて、だからこそ美しい。そして、自然を畏れる気持ちが、「美しい」ものへの感度を磨くような気もする。

あのときのまるい虹。きっとあの虹が命を救ってくれたんだね、と母はいった。

弥生人と絵文字

因幡《いなば》の白兎が渡った言い伝えのある場所の近くで、冬の日本海を見せてもらった。晴れ間がのぞいて海の色は思いのほか明るいが、風がとにかく強くて冷たい。首をすくめながら目をこらすと、水平線の近くに虹がたっていた。そのあたりだけ空が暗く、虹は鮮やかな七色の足下だけのぞかせて、ほとんどが雲に隠れている。そうこうするうちに風に大きめの雨粒が混ざりはじめ、あっという間に重たい雲に取りかこまれた。

鳥取駅から車で一時間ほど、行き先は、青谷上寺地《あおやかみじち》遺跡だ。鳥取県埋蔵文化財センターが定期的に開催している「青谷かみじち遺跡土曜講座」では、考古学の専門家が弥生時代の青谷上寺地遺跡や古代の青谷横木遺跡について話をしている。たまには考古学以外の視点をと、チンパンジーの研究をしているような毛色の変わった人間に声をかけていただいた。お題は、弥生人の絵だ。

偶然にも、その少し前に奈良県立橿原《かしはら》考古学研究所の博物館で弥生絵画の企画展を見たばかりだった。これは弥生人とのご縁かもしれない、などと軽い気持ちで講師をひきうけた。

その後、次々と資料が送られてくるので、思ったより腰をすえて弥生人に向きあわないといけないのだと気づく。とりあえず弥生人の絵を机に貼って、文字どおり腰をすえて向きあうことにした。

弥生といえば、縄文に比べて飾り気のない、シンプルな土器というのが一般的な知識だ。岡本太郎の影響も大きいが、芸術の文脈で語られるのは、弥生よりもだんぜん縄文。火焰《かえん》型土器に代表されるような縄文土器の立体的で複雑に入りくんだ装飾、顔や体が極端にデフォルメされた土偶のインパクトも強い。

総じて、縄文の造形物は、とにかくエネルギッシュで「なんだこれは！」と人を惹きつけるものがある。なにやら謎めいた深い意味を予感し、用途を超えた「表現」と感じさせるのだ。

それに比べると弥生の土器は、アートよりデザインに近いかもしれない。表現のための形ではなく、つかうための形。それも用の美を追求したミニマルなデザインという印象だ。

だからはじめて弥生人の絵を見たとき、ギャップを感じた。実用的なものを好むクールなイメージとは異なり、ノートの隅っこのらくがきにありそうな「ゆるい」絵なのだ。

たとえば人物の表現。頭は丸、体は四角、手足は棒といった、いわゆる棒人間だ。顔が描かれているものも、点三つで目と口、そこに横棒を足して眉毛という調子。それも下がり眉の気の抜けた表情だったりする。

そんな絵が、一部の土器や石器、木器、青銅器に描かれている。ベンガラの赤など顔料をつかって彩色されたものもあるが、線刻がほとんどだ。人間、シカ、ヘビ、魚などの動物のほか、想像上の動物である龍とされる生き物も「え、龍?」というような、ゆるい姿で描かれている。シンプルな絵のなかに、弥生人の暮らしの様子が垣間見えておもしろい。舟や建物などの建造物に人間が配置された様子や、弓で獲物をとらえる様子など、絵日記のような説明的な描写もある。頭に鳥の羽の飾りをつけ、翼のように袖の広い衣装をまとった絵もあり、鳥装のシャーマンの儀式とされている。

かれらの絵を「ゆるい」と感じるのは、それが絵文字やマンガを思わせるからだろう。きわめて記号的な絵なのだ。「見たもの」を描く写実的な絵ではなく「知っているもの」を描く記号的な絵。人間には、頭があって体があって、手が二本、足が二本、というような、頭のなかにある表象スキーマ(その対象についての一連の知識)を表している絵だ。

旧石器時代のショーヴェ洞窟の壁画(24ページ)の方がずっと古いのだけれど、そちらの方が写実的でデッサンに近い。もちろん、だからといって弥生人の絵が稚拙だとか原始的だとかいうわけではない。だいたい弥生人もクロマニョン人も、同じホモ・サピエンスであるわたしたちと脳の構造や認知的な能力にほとんど違いはないはずだ。

弥生人のゆるい絵は、できるだけ手数を少なく、最小限のタッチで「なにか」を表そうとしているように見える。それも、現代のわたしたちと同じようなやり方で記号化しているのだ。対照的に、写実的な絵の場合は「どんな」も細かく描写されるので、含まれる情報量が多い。

でもそのぶん描くのに時間もかかるし、技術も必要だ。だから「なにか」を伝えるためには、記号的な絵の方が写実的な絵よりもずっと効率がいい。土器や青銅器の曲面を削って描くのにも、単純な線の方が適していたのだろう。

さて、青谷上寺地遺跡だ。ここは弥生時代の港湾にあり、交易の拠点でもあったという。低湿地の奇跡的な土壌のおかげで「地下の弥生博物館」と呼ばれるほど、保存状態のよい出土品が大量に見つかっている。

鉄器、青銅器、土器だけでなく、通常は腐敗しやすい木器もまるごと出てきたりする。農業や漁業などにつかわれる道具は、ほぼおなじみの形だし、保存状態もよく、二千年前というより、つい二、三世代前の「むかし」の道具といった雰囲気だ。後期の地層からは、殺傷痕を含む大量の人骨、なんと弥生人の脳まで発見されている。

この遺跡でさかんにおこなわれていたのが、ものづくりだ。初期には碧玉《へきぎょく》を加工してつくった管状のビーズの管玉《くだたま》がおもな交易品だったが、後期には木製品を産出するようになる。なかでも、赤く塗られた花弁高杯《かべんたかつき》の美しさに驚いた。お皿の下が花びらのような文様に彫られ、きゅっとくびれた脚に裾広がりの脚台は、縦にすかし孔が入れてある。ゆがみのない対称形に美しい曲線、薄く仕上げられた縁に、なめらかに削りをかけた表面。技術力の高い職人の丁寧な手仕事だ。

そうした大量の出土品のなかに絵が描かれているものが含まれているが、それはほんの一握り。しかも記号的な絵がちょろっと描かれているのみだ。どうも、鑑賞するための絵画や趣向を凝らした装飾という雰囲気ではない。むしろ、なにかの印のようなものにも見える。自分の、うちの、という所有を示すものかもしれないし、特別な用途につかう目印や願掛けかもしれない。とにかく、ほかの道具と違う「特別」なものであることを示す印としての絵なのではないかと思った。

木製の琴も見つかっており、その側板には、頭に丸い角をもつヒツジのような動物が四頭描かれていた。そのうち一頭は、丸い角が削られて、二本のとがった角か耳のようなものに彫りなおされている。ヒツジをシカに描きかえたと考えられているそうだが、頭の形を変えるだけで別の動物を表現できるのも、記号的な絵ならではのことだ。

この遺跡で描かれたモチーフは、舟、シカ、鳥、そしてもっとも多いのが、魚とも、サメとも、イルカともとれる海の生き物だ。因幡の白兎伝説の地としてはサメ推しらしいが、わたしにはどうもイルカのように見える。

そこで恐縮ながら、イルカ説を提唱することにした。まずは、イルカの研究者でもある動物行動学者の幸島《こうしま》司郎さんに画像を見ていただいた。やはり「サメには見えません。イルカっぽいとしかいえませんね」という回答に背中を押される。

ではなぜイルカに見えるのか。よく見ると、体の曲がり方が同じことに気づく。さまざまな向きに描かれたその動物の体の向きをそろえて並べてみると、見事に同じ体勢。イルカがジャンプしているときのように、どれも、おなか側をくの字に屈曲して描いてあるのだ。サメや魚を描くとき、こんなに同じ体勢にばかり描くだろうか。

そこで「魚」や「サメ」や「イルカ」が、それぞれどんな体勢で描かれやすいのかを現代人で調べてみることにした。方法は、二一世紀的に、とはいってもインターネットでの画像検索というお手軽な手法だ。

まずは"fish drawing"で検索して、魚の全身が描かれた線画を一〇〇枚調べてみた。すると、おなか側に屈曲した魚は五枚しか出てこない。もっとも多かったのは体を曲げずにまっすぐ、まな板の上のコイ状態で描かれた八一枚だ。

次に"shark drawing"で検索してみる。やはり、おなか側に屈曲したサメは一〇〇枚中九枚のみ。六四枚が魚と同じくまっすぐで描かれ、逆に背中側に反っているのが一四枚、そのほかの体勢が一三枚だった。

そして"dolphin drawing"。一〇〇枚中九一枚という圧倒的な割合で、おなか側に屈曲してジャンプしているイルカが描かれていた。

こうなると、やはり青谷の弥生人もジャンプしたイルカを描いたと考えるのが自然に思える。イルカらしい特徴的な姿は、舟の上から見やすい姿でもあっただろう。イルカにしてはヒレの数が多い絵もあるのだけれど、実物を見ずに絵を描くとき、要素を多く描きすぎたり、欠けたりするのはよくあることだ。むしろ、なにも見ずに、ヒレの数や位置を正確に描ける人の方が

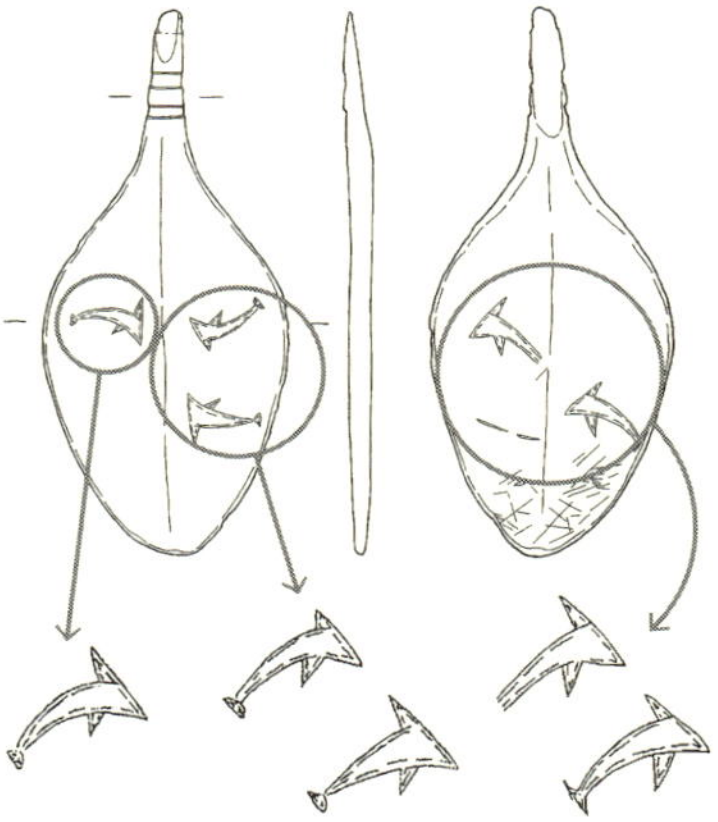

櫂に描かれた生物．同じ向きに並びかえた（鳥取県埋蔵文化財センター『青谷上寺地遺跡 8』2006 年より）

少ないのではないか。

舟を漕ぐ櫂《かい》にもそのイルカ的動物が五頭描かれていた。イルカもサメも群れで行動する動物だ。もしかしたら櫂に描いて仲間を呼ぶように願掛けをしたかもしれない。自分なら、やっぱり危険なサメよりも、舟に寄り添ってジャンプしてくれるイルカが集まる方がいいな、などと妄想も弾む。

さらに、そのイルカ的動物を並べて描いた板もあった。ほかの絵よりも完成度が低く、線が決まらずに描きなおしをしたようにも見えるし、お手本をまねして描く練習をしたようにも見える。

最小限のタッチで物の形を表す。同じ物の描き方は、だいたい決まっている。そういう点で、弥生人の絵は、ヒエログリフを思わせるところがある。古代エジプトの象形文字だ。

『世界の文字の図典』(吉川弘文館)に、ヒエログリフなどの文字が時代を経て変化していく過程が示されている。魚やヘビとはっきりわかる記号的な絵がだんだん簡略化され、やがて元の形がすっかりわからなくなる。

それは、類似性のある形で表されるアイコンから、類似性のない恣意的なシンボルへと変わるプロセスだ。アイコンならだれが見ても「なにか」がわかるが、シンボルになると、前提となる知識、つまりリテラシーがないと意味を理解できない。そのかわり、シンボルは文脈によって異なる意味を流動的に生み出せるので、より多様で、より複雑な内容を伝えることが可能になっていく。

もしも弥生人に文字があれば、いったいどんなことを書き記したのだろうか。

わかる、わからない

怖いもの。オバケ、幽霊、サイコパス、災害、裏切り、炎上、まんじゅう……。それぞれあるだろうが、正体がわからないものほど怖いものはない。

子どものころは、暗闇が怖かった。夜道が怖いだけではない。安全な家のなかでさえ、電気を消して真っ暗になる、ほんの一瞬が怖かった。オバケが出そうだというのもあったが、暗闇そのものに自分が飲み込まれてしまいそうで、いてもたってもいられなくなった。

おとなになってから感じたもっとも強い恐怖は、あのころよく見た夢のなかだ（「からだところ」）。怖さの記憶としては、崖から落ちた現実の体験よりも強烈だから不思議だ。恐怖をもたらすものの姿形がなく、夢の内容すら覚えていない。得体の知れない恐怖には、ただ目をつむって耐えるしかなかった。幽霊だとかオバケだとか、はっきりした姿で出てきてくれたら、まだましだったように思う。

夢に関するいろんな本を読んでいるうちに、マレーシアのセノイという民族のことを知った。夢見をだいじにする民族だ。夢をあやつり共有することで、みんなが争いなく、しあわせに暮らせる。それこそ夢物語のように語られて、六〇年代のアメリカでブームになったこともあったそうだ。

その後、最初にセノイを紹介した論文で話が盛られていたことが発覚してブームは下火になるが、夢見をだいじにする文化は実在するようだ。朝起きると見た夢を家族で報告しあい、その内容を解釈したり、子どもの夢に助言したりするのだという。

たとえば、高いところから落ちる夢を見て、怖くて目が覚めたというとき。今度、落ちる夢を見たら、怖くても目をそむけずに、途中の景色を眺め、落ちた先になにがあるのかを見ておいでと教えられる。そうすれば、途中で飛ぶ力を得られるかもしれないし、落ちた先ですばらしいものが手に入るかもしれないからと。

怖くても、逃げずにたちむかう。とにかく積極的に、思いきって行動する。夢のなかで主体性をもつと、夢の方向性をある程度コントロールできるようになるという。

じつはこれ、「明晰夢」として知られる状態だ。しばらく自分でもこころがけて、夢を書きとめていたら、たしかに変化があった。たとえば、こんな夢。洪水が発生して、洞窟のなかを逃げる夢だ。

迷路のように入り組んだ通路を奥へ奥へと逃げるが、とうとう行き止まり。みるみる水かさが増し、ひきかえすこともできない。必死であたりを見渡すと、正方形の小さな扉があった。

でも、小さな子どもが通り抜けるのがやっとというサイズだ。絶望的になりかけたとき、ふと思った。もしかしたらこれは、からだの大きさではなく、子どものこころが試されているのではないか。一か八《ばち》か、小さな扉に無理矢理からだを押し込んで、えいっと念じる。すると扉がくるっとまわって、なんとか反対側の通路に出られた。

おそらくそれまでの自分だったら、なすすべなくおぼれる、というところで目が覚めただろう。でもそのころから、悪夢になりそうなストーリーが、スリルのあるアドベンチャーに変わった。

あるときは、兵士に銃を向けられて、撃たれる！　という場面で、怖さをこらえて、あえて銃口を直視してみた。すると、銃に見えたものは、ただのシャープペンシルじゃないか！　さすがに無理のあるオチだったせいか、そうか、夢は形の連想でつくられるんだなと夢のなかで納得したりもしていた。

絶体絶命のピンチだと思っても、とにかく望みを捨てずに恐怖に向きあえば、状況が打開できる。だいじなのは、状況をしっかり見極め、怖さの正体をつきとめる、そして運命に流されずに主体的に行動するということだ。人生訓ではなく、夢のなかの話だが、とても理にかなったことなのだと思う。

繰り返しになるが、恐怖という情動は、身に迫る危険を瞬時に察知して回避するためのシステムだ。危険を察知すると、それがなにかを認識するより先に交感神経系が作用し、からだが逃走か闘争かにそなえる。そして恐怖を感じた原因を認識すると、危険からどう逃げるか、どう闘うか、対応方法を判断して行動にうつす。危険が去ったとわかれば、その緊張が解かれる。

正体がわからないままだと緊張状態がつづくので、その間におこりうる危険を想定して、雪だるまのように不安がふくらんでしまう。結果、疲れきって無気力になったり、闇雲な攻撃にうって出たりしてしまうのだろう。

だから「わからない」ものへの恐怖を解消する方法は一つ、「わかる」ことなのだ。

『図書』に掲載された「からだとこころ」を読んだ何人かから、大変な状況だったのにずいぶん冷静だったんですね、といわれた。たしかに、自分の生存確認をするなんて、おかしな客観性だ。でも、怖かったからこそ、状況を見極めようと必死だったのだと思う。そして客観的に観察したことで、恐怖や絶望に完全に飲み込まれずにすんだのかもしれない。

「怖い」からこそ「わからない」を「わかる」にしようとする。

地震、雷、台風、洪水など、自然現象にも怖いものがたくさんある。いまでこそ、科学がメカニズムを説明してくれるが、まだまだ未知のことも多い。むかしの人びとにとっては、もっとわからない、恐ろしい現象だったはずだ。そこから生まれたのが、地震のナマズ、風神、雷神、龍や八岐大蛇《やまたのおろち》、そして妖怪などの不思議な存在なのだろう。

文化人類学者の小松和彦さんは、合理的・論理的に説明できないような不思議なものごとを説明するのに、妖怪が生み出されたという(『妖怪文化入門』せりか書房、二〇〇六年)。「妖怪・怪異現象」(コト)や「妖怪存在」(モノ)を想定することで、恐怖や不安を表象化できる。それを物語や絵画にすれば、他者とも共有できる。龍や蛇の伝説が氾濫のおきやすい川に語りつがれるなど、災害への備えを受け継ぐ重要な役割も担っていたという。

「わかる」は「分ける」。自分の知識の枠組み(スキーマ)にあてはめて理解するということだ。あてはまらないものがあれば、既存のスキーマを広げたり、いくつか組み合わせたりして、あらたなスキーマをつくればよい。妖怪や精霊もそうして生み出されるから、既存の生物や道具などを組み合わせた姿をしていることが多いのだろう。人間ならではの想像力が生み出す産物だ。

セノイの人びとは、夢に出てきた精霊を彫刻にして、土に埋めることがあるという。病気を治すためだ。なぜ体調が悪いのか。なぜ病気になるのか。身近な自然であるからだにも「わからない」ことが多く、妖怪や精霊の活躍する格好の場だ。

伝統医療のシャーマンには、不思議な治療をする例がある。病気の原因である精霊に憑依して、しかるべき儀式ののちに退散させたり、石や古釘などの異物を手品のように患部から取り出して、病気の原因として示したりする。

まやかしではなく、実際に効果があるから、おこなわれているのだ。「治る」と思うこと、つまり治癒のイメージが、自己治癒力をひきだすのだと考えられている。因果関係がはっきり劇的に示されるほど、治癒のイメージをもちやすく効果的なのだろう。

その逆が、呪いによる死だ。自分が呪われているという強烈な思い込みから、若くて元気な人でさえ、急激に衰弱して死に至る。「病は気から」の極端な例であり「ブードゥー・デス」とも呼ばれる現象だ。急性ストレス反応だと考えられているが、こころがからだにおよぼす力の強さを思い知らされる。

文化人類学者の波平恵美子さんの『医療人類学入門』(朝日選書、一九九四年)によると、伝統医療では、その人がもつ身体観、身体と環境の関係についての観念、シンボリズムなどをフル活用して、治癒のイメージをつくりだすのだという。

じつは現代の西洋医学ともかけはなれた話ではない。たとえばプラセボ効果がそうだ。新薬の臨床試験では、薬の効き目を確かめるために、参加者を二つのグループに分ける。一つのグループには目的の薬を投与し、もう一つのグループには、薬効成分のない見せかけの薬、つまりプラセボを投与する。そうすると、プラセボでもある程度の効果があらわれる。薬を飲んだら治ると思うこと、つまり治癒のイメージが自己治癒力をひきだし、症状を改善させるのだ。信頼できる医師の「治る」という言葉の力は、よくわからないで飲むたくさんの薬より、ほんとうはどれだけ大きいことか。

肺積（長野仁・東昇編『戦国時代のハラノムシ』国書刊行会，2007 年より）

九州国立博物館の収蔵品に「針聞書《はりききがき》」というのがある。『戦国時代のハラノムシ――『針聞書』のゆかいな病魔たち』（長野仁・東昇編、国書刊行会、二〇〇七年）などの画集にもなっていて、ご存じの方も多いかもしれない。病をもたらす原因をおなかのなかにすむ架空のムシの姿であらわしたものだ。室町時代に摂津国の茨木元行という人が書いた東洋医学の資料だという。五臓の図や針の打ち方にくわえて、ムシの特徴と有効な漢方薬などが記されている。

たとえば、肺にすむ「肺積《はいしゃく》」は、善悪の臭いが嫌いで、生臭い香りが好き。このムシがいるとつねに悲しい気持ちになる。針は柔らかく浅く打つとよい。

憎むに憎めないキャラ設定に、つい笑ってしまうような滑稽な姿だ。

じつは、自分でもムシを想像して描いてみたことがある。円形脱毛の原因となるムシだ。特徴をあれこれ設定しながら描いているうちに、われながらなにをしているんだろうと思いつつ、なんだか親しみがわいてきた。不思議な存在を想像することには、ネガティブな気持ちを笑いとばす効果もありそうだ。

先の弥生人の絵にも龍や鳥装のシャーマンが出てきたが、旧石器時代の洞窟壁画にも鳥の頭をもった人間などの半人半獣が登場する。妖怪や精霊は、人間が生きていくのに欠かせない存在なのだろう。

やはり数万年前から受け継がれてきたとされるオーストラリアのアボリジニの岩絵にも、たくさんの精霊が描かれている。雷男や虹蛇など、自然現象とむすびついた精霊も多い。かれらは精霊の絵を描き、物語を語り、ボディ・ペインティングをして、楽器を奏で、歌い、踊る。アボリジニの人びとは、そうやってだいじな「知識」を共有し、次の世代へと伝えてきた。精霊がとくに活躍するのが「ドリームタイム」という天地創造の時代の物語だという。

「我々はどこから来たのか。我々は何者か。我々はどこへ行くのか」

ゴーギャンは、自殺未遂をおこす前に渾身の力で作品を描き、そう記した。自分の存在理由こそ、究極の「わからない」怖いものかもしれない。

在と不在

熊本サンクチュアリは、天草の手前、宇土《うと》半島の山の上にある。眼下一面に有明海が広がり、その対岸に雲仙岳がでんとそびえる。視界に入るのは、空と海と山とチンパンジー。夕日の美しい、これぞ風光明媚という場所で三年間を過ごした。

すっきりと晴れた日には、雲仙の山裾を車がつぶつぶと光りながら走るのが見える。雲仙岳という名前に似合って、山は気まぐれに雲をまとうことがあった。火山らしいごつごつした山並みに帽子のような雲をかぶると、じつは裾野がなだらかで美しい曲線であることに気づく。オーダーメイドであつらえたように白い雲をぴたっとまとっていたときには思わず二度見してしまった。ある日の夕暮れは、まるで浮世絵。朱から群青にグラデーションがかった空に雲がたなびき、薄墨色の山のシルエットが映えた。

そんな存在感のある山が、忽然と姿を消してしまうことがあった。空と海の境があいまいで、見るからに雨雲に覆われているときはまだわかる。でも薄曇りの日、ただくっきりと藍色の水平線がひかれているときには、キツネにつままれたような気持ちになった。

いつもたしかにそこに「ある」ものが「ない」。「ある」と「ない」は、こんなにも微妙で、はかないものなのか。ぽっかりと穴が空いたような「ない」に、かえってこころが向けられるようにも感じた。

「ある」べきものが「ない」と、わたしたちはそこに「ない」ものを想像する。たとえば、片方の目がない顔の絵を見せると、子どもは「あ、おめめない」などといって、「ない」目を描き入れる。いっぽうチンパンジーは、「ない」目を補うことはせず、すでに描かれて「ある」目にしるしをつけたり、顔の輪郭を丁寧になぞったりする。

「いま・ここ」に「ない」ものを想像する力。それこそ人間がとくに発達させた、芸術するこころの基盤の一つだと考えている。

「ない」目を描き入れるのは、おもに二歳後半以上の子だ。それより小さい子は、チンパンジーと同じように、描かれて「ある」目だけにしるしをつける。「ある」から「ない」への転換は、語彙が爆発的に増える時期におこる。「ない」ものを想像する力と言葉の獲得には、やはり密接な関わりがありそうだ。

さまざまな芸術で、その人間ならではの想像力をひきだすしかけがつかわれている。いわば「ない」で「ある」を表現する、不在による表現だ。先日観た三つの公演も、ジャンルは異なるけれど、いずれも「不在」が鍵となるものだった。

一つは、言葉の芸術である落語。演劇などの舞台と比べると、視覚表現が「不在」の舞台だ。はじめて落語を生で聴いたのは芸大にいたころ。彫刻科の修了展のパンフレットに文章を寄せ、その原稿料に落語のチケットをいただいた。

ストーリー以上に鮮明に覚えているのが花見のシーンだ。にぎやかな船上の宴、ほろ酔い気分で川沿いの土手の桜を眺めている。その光景が脳裏にぱっと広がった。言葉だけでこんなに見えるのか。言葉と想像力の関係の深さを実感したときでもあった。

落語家の所作や表情がよく見える近さで鑑賞すると、落語にも視覚的な表現がないわけではない。以前聴いた柳家喬太郎さんの小泉八雲の怪談では、演じている人物によって声色が変わるのはもちろん、顔まで違って見えた。首を落とされた盗人が生首になって執念で動くシーンでは、力んで真っ赤になった顔に緋毛氈《ひもうせん》の赤い色も映り込んで、それはもう、おどろおどろしい生首だった。

映像でいうと、人物だけにカメラがフォーカスしている状態。その人の言葉と所作と表情から、不在であるはずのまわりの風景が頭のなかに描かれていく。

「自由と不自由」で、枠や制限がある方が逆に自由に表現できると書いたが、それは鑑賞する側にもいえるのかもしれない。なにかが不在であることで、かえって自由に想像力をはたらかせる余地があり、よりリアルな体験として感じられることがある。

さて、二つめの「不在」は壬生《みぶ》狂言。落語と真逆で言葉が「不在」の舞台だ。台詞がないだけでなく、謡《うたい》もない。音は、笛と太鼓と鰐口《わにぐち》(鐘)のシンプルなお囃子《はやし》のみ。役者の身振り手振りなどのパントマイムから、話の流れを読みとり、会話も想像することになる。しばらく見ていると、パターンがあってわかりやすい動作もあり、頭のなかで台詞をあてながら見るのが楽しくなった。

たとえば「安達ヶ原」で、旅人が次々と鬼婆に食べられてしまうシーン。鬼婆の正体を知らない旅人がやってくるたびに一連の動作が繰り返される。わたしの脳内アテレコは「長い道のり、山をいくつも越えてやってきました。足が疲れてもう歩けません。どうか今宵一晩泊めていただけませんか?」。逆に、どんな動作だったか思い浮かぶだろうか。とにかく想像力をフルにつかう感じで、全曲目が終わった夕方には、頭に心地よい疲れがあった。

壬生狂言は、正式には壬生大念佛狂言といい、発端は鎌倉時代。円覚上人の教えを求めて大勢の人びとが集まったため、声が届かなくても内容が伝わるように考案されたものだそうだ。もとは宗教劇だが、娯楽としても発展し、能や物語なども演じられるようになった。

その演じ手が、ふだん別の仕事をしている地元の有志だと知って驚いた。所作が洗練され、指先まで美しかったからだ。言葉でごまかせないからこそなのだろう。なにか京都の底力のようなものを垣間見た気もした。

じつは壬生狂言を観たあと、夜の千本ゑんま堂狂言にハシゴした。こちらは観客も地元の人の率が高く、地域で大切に受け継がれてきたことが感じられる温かい公演だった。対照的だったのは、ゑんま堂狂言には、台詞も謡もあることだ。同じ能の曲目も演じられたが、言葉があると格段にわかりやすく、疲れた頭にはやさしかった。言葉の在・不在の対比をたっぷり味わった一日だった。

「不在」の三つめは、がらっと変わって現代的な舞台。ドイツの現代音楽家ハイナー・ゲッベルスとアンサンブル・モデルンの「Black on White」という作品だ。舞台に立つのは演奏家たちだが、オーケストラのコンサートのように、指揮者がいて、できあがった曲を演奏するわけではない。演劇のように、主人公がいてストーリーが展開するわけでもない。

演奏家たちは、めいめいに楽器の音を出したり、書き物をしたり、銅鑼《どら》をめがけてテニスボールを投げたりもする。混沌のなかから、秩序のようなものが生まれかけては、また混沌に戻る。舞台上でなにがおこっているのか、目や耳や頭が総動員される感じだ。思えば観たあとの疲労感は、壬生狂言のときと似ていたかもしれない。

その数カ月前に、ゲッベルスが「不在の美学」という講演で、この演目について「著者の死」がテーマだと語っていた。エドガー・アラン・ポーの小説「影」がモチーフになってもい

じつは最近、尾池和夫先生（京都造形芸術大学学長）の主催する学内のカジュアルな句会に参加するようになった。尾池先生は元京都大学総長で地震学者だが、俳人でもあり「日本の俳人一〇〇」シリーズから句集も出されている（『句集　瓢鮎図』角川書店、二〇一七年）。

自分で詠んでみると、一七音の舞台は、とても狭い。でもお手本となるようないい句では、広々と感じるから不思議だ。作者が感じたものを一七音にぎゅっと圧縮して、読み手がそれを想像力で解凍する。どこかパソコンのファイルの圧縮と解凍のような感覚もある。

尾池先生に教わったのは「現在の現象を現場で詠む」という三現則だ。そうか、日々の「！」を詠めばいいのかと思った。前に、サイエンスもアートも共通して、身のまわりの出来事や現象に感じる「！」がだいじな出発点だと書いた（「サイエンスの視点、アートの視点」）。いい句にはやっぱり「！」を感じるし、その切り取り方に意外性があっておもしろい。

と、頭ではわかっても、それを五七五に収めて、人にも伝えるのはむずかしい。いいたいことをつめこみすぎて、あとで言葉を削るといまいち。尾池先生によると、つめこんでから削るのではなく、最初から焦点をしぼるとよいのだそうだ。

それは、雲をまとった山のような見せ方なのかもしれない。ふだん目がいくのは山の頂上付近のごつごつした形、いわばシンボル的な部分だ。でも、そこが雲で隠されると、ふだん気づいていなかった裾野のなだらかな稜線美に気づくことができる。

そうだ、「不在」の美学を目指してみよう。

上手い、おもしろい

小学生のころの日記は、最後の一文がいつも同じだった。だれとなにをして遊んだ、なんの本を読んだ、たわいもない日常が綴られたあと、唐突に「とてもおもしろかったです」としめくくられる。「とてもおいしくて、とてもおもしろかったです」が、まれな変化形だ。

宿題として日記を提出すると、先生が赤ペンでコメントをくれるのが楽しみだった。でも、あるときこう指摘された。「なにをしたかはよく書けていますが、そのとき感じたことも書けるといいですね」。それ以来、この一文がつけ足されることになった。

とってつけたような一文は、小さな抵抗のようにも思えるけれど、ただただ素直だったのだ。そもそも日記とは、その日のおもしろかったことを書くものと思っていたような気もする。

あらためて考えると「おもしろい」こそ、そのころの自分が日々感じたいろいろを表すのに一番適した言葉だったのだと思う。「おもしろい」は、いいかげんなようで、じつは万能で、深い言葉だ。

研究でも、一番のほめ言葉は「おもしろい」だ。新しい着眼点、新しい手法、意外な結果、新たな説を導く考察など、それまでの枠組みを大きく変えるような研究こそ「おもしろい」。アートの起源について研究するうえでも「おもしろい」がだいじなキーワードだと考えている。鑑賞者の視点からは「美しい」についての議論に集中しがちだが、表現者の視点からはむしろ「おもしろい」が重要なのではないかと。

根拠は、やはりチンパンジーだ。先にも述べたが、チンパンジーが描くとき、芸として教えるのとは違って、ごほうびのリンゴは必要ない。筆やペンを動かして描く行為がなんだか「おもしろい」らしいのだ。

ただしチンパンジーたちの興味は、描く過程にあって、描かれた結果としての絵にはあまり興味を示さない。絵筆を動かすことであらわれる、さまざまな痕跡。画用紙に絵筆をふりおろせば、てんてんが描けるし、筆先をつけたまま水平に動かせば、しゅーっと長い線があらわれる。手を動かしながら、出力(行為)と入力(感覚)の関係を探索的に理解していく。その過程をおもしろがっているように見える。

おとなのチンパンジーには「画風」があって、絵を見ればだれが描いたかがわかるほどだ。アイならくねくねした曲線を画用紙全体に広げるし、パンなら短い線を並べて色ごとにパッチをつくる。でたらめに絵筆を動かすだけではなく、自分好みの描き方ができてくる。それぞれの美を求めての画風というより、こう描こうという自分のルールをつくって、それを実行するのが「おもしろい」のだろう。

人間の場合も、子どものころから美を求めて描くわけではない。はじめてペンを握るとき、ふりまわしたペン先がたまたまコツンとあたって痕跡が残るだけで、あ、とうれしそうに歓声を上げたりする。なぐりがきをしている時期は、チンパンジーと同じように、探索する過程をおもしろがって描くのだ。

やがて三歳ごろに「なにか」を表した絵、つまり表象を描くようになると、モチベーション(動機づけ)も変わってくる。自分の描いた線にさまざまな物の形を発見することがおもしろい。頭のなかにあるイメージを紙の上に生み出すことがおもしろい。そして、それを他者に伝えられることがうれしい。つまり個人的な動機づけに社会的な動機づけがくわわるので、他者の反応が気になりはじめる。

この時期には、絵を介した言葉のコミュニケーションも頻繁におこる。「これ、アンパンマン」と子どもが説明しながら描いたり、まわりのおとなが「なに描いたの?」と問いかけたりもする。

そのとき、なにげなくつかってしまうのが「上手」という言葉ではないか。上手だね。上手いね。子どもの絵に対してだけではないかもしれない。美術館でも、ダリの絵を前に「上手」という声が聞こえてきて、びっくりしたりする。

自分も「上手」という一元的な評価にさらされてきたからだろう。それ以外に絵をほめる言葉を知らないのだ。そして、これこそ絵が苦手という人を生み出してしまう最大の要因なのではないかと思っている。

「上手」といわれるのは、見た物の形を写し取った写実的な絵のことが多い。子どもの絵でも、やはり物の形をとらえた絵の方がほめられやすいし、子どもらしいのびのびとした絵であるとなお「上手」とされる。

そうすると、上手に描けないから絵が苦手、という子が出てきてしまう。おとなになると、上手な絵を描くには、特別な才能や絵心なるものが必要で、自分にはそれがないから描けないと思い込んでいる人も少なくない。

でも、写実的に描くのがむずかしいのはしかたがない。人間ならではの認知的な特性が、そしてじつは表象を描くために必要な認知的な特性が、写実的に描くときには邪魔になるのだと考えている。

小さな子どもが描くのは、丸だけで顔を描くような記号的な絵だ。「顔には、輪郭があって、目が二つあって、口がある」という、頭のなかにある表象スキーマ、つまり「認知」された「知っている物」を描いている。

いっぽうで見た物を描く写実的な絵では、網膜に写る光の配列、つまり物を「なにか」として「認知」する前の「知覚」を描こうとする。

ところが言葉をもった人間は、目に入る視覚情報を「知覚」すると、つねに「なにか」として言葉に置き換えて、概念的に「認知」してしまう癖がある。そこで、見えているつもりなのに描けないというジレンマが生まれるわけだ。

小学校の高学年のころ、写生で木を描くのに悩んだ記憶がある。木の枝一本一本が目ではちゃんと見えているのに、描こうとするとうまくいかない。見れば見るほど、たくさんの情報があふれていて、すべてを描き写すのはとうてい不可能に思えた。結局、左右に適当な枝分かれをつくってごまかしてしまった。記号的な表現に逃げたのだ。

学校ではいつも、上手に描こう、きれいに描こうという気持ちがどこかにあった。その結果、より複雑な描き方の記号を探し、こぢんまりとした絵になっていたように思う。

そのころ、家で新聞を読んでいる母の姿を、こっそりスケッチしたことがあった。このとき、なぜかいたずらごころのスイッチが入って、とことんおもしろく、変な絵にしちゃえ、と思った。無造作な髪に、ぎょろっとした目、鼻の穴や顔のしわもありのまま、むしろ誇張するぐらいに描いた。

本人に見せたら、そんな変な顔じゃないといやがるはず、と期待したのに、すっかり肩すかしを食ってしまった。母はわたしがこっそり描いていることなどお見通しで、むしろ上手に描くなあと感心して、横目で見ていたというのだ。

そういわれてみると、たしかにいつもより生き生きとして、いい絵だった。皮肉にも「上手く」ではなく「おもしろく」描こうと思ったことがよかったのだろう。怪訝に思いながらも、なにか少し枠をこわせたような気がした。

漢字では「面白い」と書くように、目の前が明るくなることが「おもしろい」の語源だとされる。それまでの枠組みがこわされて光がさしこみ、見えていなかったものが見えるようになる。「おもしろい」は、見る人のこころのなかでおこる作用であり「！」なのだ。

だから、子どもの絵を評価する言葉も「上手」より「おもしろい」がいいと思っている。「おもしろい」は絶対的な評価ではなく、あくまで個人の感想だ。人によって、そしてテーマや色合い、構図などの視点によって、多様な「おもしろい」がありうる。そのぶん見る方も主体的に向きあう努力が必要だ。いいかげんな言葉のようで「上手」よりずっと誠実で、アートに適した評価ではないか。

ただし「上手」に、というか写実的に描こうとすることを否定するわけではない。

芸大の美術解剖学研究室にいたころ、毎週水曜は人物デッサンの日だった。解剖学なので、モデルさんの隣には骨格標本と筋肉模型も並ぶ。同じ研究室の仲間たちは、難関の実技入試を突破してきただけあって、さすがに「上手い」。最初は少し気後れしてしまったが、鉛筆を動かすのは楽しかった。

朝から数枚のクロッキーとデッサンを終えて、お昼に外に出ると、いつも不思議と目がよくなったような気がした。ふだんよりも緑が鮮やかにきらめき、葉っぱの一枚一枚もはっきり見える。世界は光と影で構成されているんだなあ、などと感慨にふけったりもした。

写実的に描くことは、見る力を磨くことなのだ。

学部生のころに生物学の実習でスケッチをしたときも、似たことを感じた。記録をとるためだけなら、写真の方が手っ取りばやい。でも時間をかけてスケッチをすることで、はじめて構造が見えてきたりする。

デッサンやスケッチは、概念の枠組みをいったんはずして、世界をありのまま知覚的にとらえる訓練になる。だから多くの画家が、一度写実的な表現を究めてから、独創的な表現を見出していくのだろう。

インターネット(「ほぼ日刊イトイ新聞」)に画家の山口晃さんのインタビュー記事があり、技術とは「「つくり手の意図するところ」へ「見る人をすうーっと直に導いてくれるもの」」とおっしゃっていた。技術をもっていることを「忘れさせるくらいにまで磨き込まれることがひとつ、大切なこと」だという。ここでの「技術」はより広い意味だが、鑑賞者としても、表現者としても、腑に落ちる言葉だった。

山口さんの言葉は、以前も引用させていただいた(22ページ)。「わたしがおもしろい(大切)と思うものをだれもそう思わない。だから、そう思えるよう表してやる、それが表現だ」。「上手い」は、「おもしろい」を表現するために役にたつ。「おもしろい」をすうーっと伝えられるように、自分も文章の技術を磨きたいと思った。

きょうは「おもしろい」についてかんがえました。とてもおもしろかったです。

木を見る、森を見る

新聞の上に羽アリが一匹。左右の脚のバランスが悪いのか、あっちに進んだかと思うと、くるくる回って、またこっちに戻る。

ちょうど体調不良がつづいて悶々としていた時期だったので、右往左往するアリに自分を重ねてしまった。

運の悪いことに、そこは株式欄。数字の海ですっかり迷ってしまったアリだ。えんえんとつづく数字の列に、白や黒の三角印が時折あらわれる。△を道しるべに前に進むと、▼があって戻らなければならない。

アリの目線で変な空想をしていたら、じわじわと可笑しくなってきた。人間の迷いも、大きな視点から見たら、所詮こんなものなのだろうと思えた。

悩んだとき、いきづまったとき、自分の視点から少し離れるだけで、気持ちが楽になることがある。いま自分に見えているのは、世界のほんの一部にすぎない。ちっぽけな視界の外側に大きな世界の存在を感じると、やはりほっとするのだ。

視点を変えると、世界はまるで違って見える。そのおもしろさに気づいたのが、高校生のときの数学の問題だ。

種類の異なる一二個のケーキをA、B、C、Dの四人で分けたい。一人で全部食べてしまう人がいても、まったく食べない人がいてもよい。その分け方は何通りあるか。

あまりに不平等だし、ケーキ一二個はさすがにきついなと思いながらも、まずは素直に考えた。

たとえばA、B、Cの三人がともに0個なら、Dが全部食べるしかないので、一通り。A、Bが0個、Cが一個の場合、Cが一二個のうちどの一個を食べるかで決まるので、一二通り(Dは残りもの)。A、Bが0個、Cが二個の場合、Cが一二個のうちどの二個を食べるかで決まるので……。

こうして一つひとつ場合分けすればいいけれど、導入を書き出しただけでもこの調子。かなり面倒で時間もかかる。

ほかの解法はないか。考えてはみるが思いつかない。宿題であてられていたので、しかたなく場合分けをしてみたが、長ったらしい解答をまた黒板に書かなきゃいけないと思うと気が重かった。いつになく遅くまで粘り、そろそろ眠気もピーク。

しかたがない、あきらめて寝よう。目をつむってしばらくしたとき、ふっとひらめいた。

ケーキの立場に立ったらどうだろう。

人間ではなく、ケーキの立場に立って考える。そうすると、自分(＝ケーキ)は、A、B、C、Dのだれに食べられるかの四通りしかない。一二個のケーキそれぞれについて四通りだから、四を一二回かければよい。つまり四の一二乗通り。

どきどきして眠気も吹き飛んだ。問題が解けたこともうれしかったが、視点を変えるだけで、面倒な問題がこんなにすっきり見えるのか。それこそ頭のなかに「！」が一二個ぐらい並んだ気分だった。

前に、視点を変えることは、見立ての想像のコツだと書いた。認知的な枠組み(スキーマ)を解体するきっかけになるからだ。

自分以外のなにものかの視点に立つとドラマチックに視点が変わるけれど、わざわざアリやケーキにならなくても視点を変える方法はある。

一つは見る角度を変えること。正面から、横から、上から、下から。立ち位置を変えると、おのずと別の側面が見えてくる。目線を少しずらしてフォーカスする部分を変えるだけでもよい。対象が大きければ大きいほど、見え方の違いも大きい。ほかの物との関係性も、見る角度によって全然違ってくる。

もう一つが、倍率を変えることだ。カメラのように、寄りの視点で細かい部分を見るのと、引きの視点で全体をとらえるのとでは、まるで違う。実際に近づいたり遠ざかったりするのが一番効果的だが、目のつかい方次第でも見え方は変わってくる。引きの視点でとらえると、ばらばらな部分が、まとまりとして見えてくる。この「まとまり」をゲシュタルトという。

人間はとくにゲシュタルト的な見方をしようとする傾向が強い。たとえば複数の図形のなかから仲間はずれを探すとき、部分的な違いがある図形よりも、全体的な違いがある図形の方が見つけやすい。

このことは、目に入るものをつねに「なにか」としてラベルづけして見ようとする、人間の認知的な癖とも関係している。

たとえば、虫食いの葉っぱに顔を見つけるとき。一つひとつの虫食いの穴を、ここは目、ここは口、と顔のスキーマの要素にあてはめて、ひとまとまりとしてとらえる。人間が物を「なにか」として認知したり、見立てたりするときには、ゲシュタルト的な見方をしているのだ。

実際、「なにか」を認知する脳の腹側経路にはLO野という領域があり、ゲシュタルト的な見方に関わっていると考えられている。そしてこの領域に損傷があると、視覚失認と呼ばれる症状をひきおこす。色や質感などの部分を見ることはできても、対象が「なにか」を認知することができなくなるのだ(メルヴィン・グッデイル、デイヴィッド・ミルナー『もうひとつの視覚――〈見えない視覚〉はどのように発見されたか』鈴木光太郎・工藤信雄訳、新曜社、二〇〇八年)。

わたしたちは、いったん「なにか」としてまとまりで認知すると、細かい部分を見落としがちだ。逆に、細かい部分にとらわれていると、全体が見えなくなる。

視点の倍率の切り替えは、かなり意識的におこなう必要がある。

そして年をとると、この切り替えがむずかしくなるようだ。たとえば、積木を組み合わせて模様をつくるのがむずかしくなる。

医学研究科の修士課程では、松林公蔵先生率いるフィールド医学の研究チームに参加した。おもに高齢者の認知機能や運動機能の検査を担当していて、そのなかにあったのが、積木で模様を構成するテストだ。積木は、赤、白、黄、青の面と、赤白が対角に塗られた面、黄青が対角に塗られた面の六面からなる立方体だ。その積木を二×二、三×三、四×四の正方形に並べて、紙に描かれた見本の模様をつくってもらう。

このテストに苦戦するお年寄りが多かった。見本には、積木一つひとつの区切りが示されていないので、隣りあう積木の色が同じだと区切りに気づきにくい。斜めに色分けされた部分が区切りだと惑わされてしまう人が多かった。

全体のなかの部分をとらえる、視点の倍率を切り替えるところに問題があるのだろう。制限時間内にできなかった人の多くが、見本に積木の区切りを示す補助線をくわえると、できるようになった。

この積木構成課題ができない人に、ひきこもりがちの人や、うつ傾向の人が多い、というのがわたしの修士論文の内容だった。あらためて考えると、視点の切り替えがむずかしければ、一つの見方にとらわれがちになる。そのこと自体、とても息苦しいことだろう。

いっぽうで、認知症のスクリーニングテストの得点が低いのに、この積木のテストは得意という人もいた。現役のときの職業や趣味を聞いてみると、西陣織の職人、洋服の仕立屋、設計士、パッチワークが趣味の女性……。なにかしらものづくりをしていた人が多い印象があった。憶測だが、ものをつくる過程に視点の切り替えが必要なことが関係しているのかもしれない。

デッサンでは、物を「なにか」として「認知」する前の一次的な視覚情報、すなわち「知覚」を描こうとする(「上手い、おもしろい」)。まとまりではなく、部分に注目するということだ。でも部分だけに注目して描いていると、全体のプロポーションにひずみが出やすい。だからときどきキャンバスから離れて全体を確認する。

つまりデッサンのときは、部分的な見方と全体的な見方を行き来する。それも両極ではなく、さまざまな倍率で形を階層的にとらえる必要があるように思う。

学部生のころに、植物学の実習でシダのスケッチをした。形が規則的なので描きやすそうに見えたが、描きはじめたらすぐに頭が混乱してきた。シダの形は、自己相似のフラクタル構造になっていて、部分が、より小さな部分の相似形になっている。だからどの倍率で見ても似たような構造で、自分がいまどの階層を描いているのか、わからなくなってしまったのだ。シダの迷宮に迷い込んだような不思議な感覚。これがフラクタルなのだ、とからだで理解した。

作品を鑑賞するときにも、視点を変えることを意識している。ぱっと見だと、全体的な視点からテーマが「なにか」を認識するだけで終わってしまう。でも一つの作品を、遠くから、近くから、斜めから、動きながら、人の邪魔にならない程度に視点を変えてみると「！」が見つかることが多い。筆跡などの部分に注目したり、全体を眺めたりを繰り返すと、作者の視点を追体験する気分も味わえる。

たとえばセザンヌのリンゴなら、手前の方の一つのリンゴにぐっとフォーカスして見るとおもしろい。そのまま少しだけ動くと、視点を中心に立体的な空間がたちあがって、どきっとしたりする。

いっぽうモネの睡蓮は、画面よりも遠くにピントを合わせて、ぼんやり眺めるのが好きだ。うつろな目で見ていると、睡蓮が水面に反射する境界のあたりから空気感のある空間がたちあがって、むしろ写実絵画以上にリアルに感じることもある。近寄ると、絵の具が荒くのっているだけなのに不思議だ。

これまで、理学、医学、芸術学、教育学と、立ち位置の離れた分野に身を置いてきた。この右往左往した経歴のなかで実感したのは、分野ごと、人ごとにさまざまな視点があり、そこから見える景色がまるで違うということだ。一つの視点を追求することは、ときにはルーペや顕微鏡までつかって見るようなもの。詳細が見えてくるほど、それが絶対的な視点だと錯覚してしまう危うさもある。

ときには木を見たり、森を見たり、自在に視点を変えられる目をもっていたい。同時に複数の視点をもつことはできないから、見えない視点を補う想像力も必要だ。そしてアートこそ、柔軟な目を養う一番の方法かもしれない。


森のなかで見上げると、葉っぱの一枚一枚が青空に透けて心地よく揺れている。その木漏れ日は林床まで届き、瞬間ごとに移りゆく模様を描く。光と影のゆらめきに目をこらすと、二ミリほどの実生がつんと立ち、そのまわりをアリが忙しそうに歩いている。

実際のところ、アリの目に、この世界はどう見えているのだろうか。

仮想と現実

砂は、変化自在で魅力的だった。表面付近は白くてさらさら。すくうと水のように流れ落ち、受け止める手に砂粒の振動がくすぐったい。少し掘ると、白い砂の下からひんやりしめった灰茶色の砂が出てくる。色が濃いほどまとまりやすいので、プリンやおだんごをつくるときは、なるべく深く掘って濃い色の砂をにぎった。

子どものころに遊んだ公園は、敷地全体に砂がしきつめられていた。みんなが力を入れていたのは落とし穴。穴を掘って、段ボールをかぶせ、白い砂をまんべんなくかけて隠す。まわりに掘りだした灰茶色の砂があると怪しまれるので、念入りになじませれば完成だ。

でも、その穴にだれかが落ちることはめったになかった。獲物を待ちきれず、はまるのは、たいてい自分。穴の存在を知らない体《てい》で歩いて、うっかり落ちる。手で掘るのでたかが知れていて、片足が少しはまる程度なのだが、深く掘れば掘るほど、ずぼっと砂に埋もれて、ひんやりした感覚が心地よかった。当然のことながら、家に帰ると、靴や服のあちこちから、ぱらぱら、ぱらぱらと際限なく砂が出てきた。

砂の上では、高いところから飛び降りても、全力で走って、全力で転んでも痛くなかった。五感をフルにつかって全身で世界と関わりあうような日々。いま思うと、生きていることのリアリティに満ちていた。

公園で遊んでいると、ときどき小さな子が口のまわりを砂だらけにして号泣しているのを見かけた。そのたびに、そわそわした気持ちになった。

わたしも砂を食べた経験があったからだ。

砂は食べられないし、食べてはいけないものだとわかっていた。でもあのとき、砂がどんな味なのか、どうしても確かめずにはいられなかった。

味見のつもりで控えめに口に入れた。とたんに衝撃がはしる。歯にじゃりっとあたる嫌な感覚。埃っぽくて苦みもある。あわてて吐きだそうにも、口のなかにまとわりつくばかり。その不快感と、食べてはいけないものを食べてしまったという恥ずかしさで、嗚咽するうちに、じゃりじゃりに塩味もくわわった。

幼い子どもは、手当たり次第に手を伸ばし、なんでも口に入れてしまう。それは、食べられるか食べられないかの分別がつかないからではない。触覚が最初に発達するのが口のまわりだからだ。幼い子どもにとって身のまわりのものは、まだ見知らぬ、なんだかわからない物だらけ。一つひとつ、手や口で触れるという感覚をとおして、世界を知ろうとしているのだ。

成長するにつれて、なんでも口に入れて確かめることはなくなる。直接触らなくても、見ただけで「なにか」がわかるし、見ただけで、すべすべ、ざらざら、ごつごつ、ふわふわなどの質感も認識できるようになるからだ。

もっとも、見たことのないような質感のものがあると、おとなでもつい触りたくなる。学生のころ、友人が新しい軟膏の容器を開けるのをぼんやり見ていた。半透明のつやつや光るクリームが容器にぴたっと詰まっている。次の瞬間、なぜかわたしの指はその白い柔らかな物体のなかに飛び込んでいた。とっさのことに友人はぽかんとしていたが、自分でも「思わず」だったので驚いた。案外、砂を食べた幼いころと変わっていなかった。

質感の認知に関する最近の研究によると、物を見るときに感じる質感は「見て触れる」という経験によってつくられるという。生理学研究所の郷田直一さんらは、質感の異なる素材の写真をサルに見せたときの脳活動を調べた。このとき実際に素材を「見て触れる」経験をすると、肌触りが似た質感の素材を見たときの脳の反応が似てくる。つまり質感を見分けられるようになるそうだ。

わたしたちが物を見て感じる質感は、過去に似たような見ための物を触った記憶によってつくられる。だから子どものころに砂を食べた経験の有無で、砂の見え方もきっと違うのだろう。そもそも、人それぞれ積み重ねてきた経験が違うのだから、物の見え方も同じではないということだ。

砂を深く掘ると出てくる石ころのように、原稿を書くうちに、子どものころの記憶が次々と掘りおこされた。とくにリアルに思い出されたのは、触覚や嗅覚などの感覚の記憶だ。砂だけでなく、木のぼりをしたネムノキの肌触り、鉄棒の冷たさや握った手の鉄の匂い、手の甲を這うアリの細かい脚の動き。いまの自分の「見る」は、こういうたくさんの感覚経験が支えているのだなと思った。

見て触れる。見て嗅ぐ、見て味わう、見て聞く。触覚だけにとどまらず、複合的な感覚経験を積み重ねることが「見る」という視覚体験を豊かにするのだろう。

それは作品を観るときにも影響しているはずだ。

たとえば油絵は、色や質感の表現に長けていて、透明なガラスに鈍く光る真鍮、上等なシルクにざっくりした木綿など、さまざまな質感の違いを写実的に表現できる。ちょっとぐらいプロポーションがくるっていても案外気づかなかったりするので、形よりも質感の方がリアルさに影響しそうだ。質感に触覚経験が含まれるので、より直接的に感じるからだろう。無機物に比べて人の肌や目の描写がむずかしいのは、それが温度やゆらぎのある繊細な質感だからかもしれない。

ただ、どんなに緻密に描きこまれた写実表現でも、なんとなくつくりものっぽいこともあるし、大胆な表現なのにリアルさを感じることもある。

「木を見る、森を見る」で話題にしたモネの睡蓮もその一つだ。少しピントをずらして見ることで、リアルな空間がたちあがって、日差しや風や湿度さえも感じられる気がしてくる。

円山応挙の作品でも、細かく緻密に描きこまれた絵よりも、大胆な筆致で描かれた絵に、よりリアルさを感じる。たとえば「雪松図」。一見すると、金屏風に墨で松を描き、積もった雪を胡粉の白で描いているように見える。でも実際には、白い紙に金泥と墨で描いてあり、ふんわり積もった雪の白は、描かずに見せている紙の地色だ。老いた松の鱗のようなリアルな木肌も、近寄るとその筆の大胆さに驚く。

じっと見ていると、しんとした空間から冷たい空気が流れ込んでくるような気がした。モネの絵と共通するリアリティ。それは自分のからだが絵と同じ空間に入り込んだような身体感覚だった。

二年ほど前に見た、メディア・アートの藤幡《ふじはた》正樹さんの作品「Portray the Silhouette」でも、からだが作品に入り込む感覚を味わった。

部屋のなかにテーブルと椅子があり、その影が横の壁に映しだされている。そこに、プロジエクタで投影された藤幡さんの影があらわれ、コーヒーをいれたり、椅子に座って本を読んだりする。鑑賞している自分の影も投影されるので、椅子に座ると、影同士が同じテーブルを囲んだりできる。

とてもリアルだった。ポスドクのときに藤幡さんの研究室でお世話になっていたので「おひさしぶりです」と影にお辞儀したくなるような変な気持ちになった。

影にはもともと質感がない。影として、ただ光を遮るものとして存在するとき、いまここにいる自分と、いまここにはいない藤幡さんに区別がなかった。

考えてみれば、この作品も「不在」のアートの一つだ。ここで不在なのは、藤幡さんという実体。でも、影が同じ平面にあることで、実体も同じ空間にいるような気がしてくる。不在を補って想像される実体は、映像やホログラムなどの実体の虚像よりも、ずっとリアルな存在感があった。

いっぽうアニメーションでは、絵を重ねることで動きのリアルさを生み出す。アニメーション作家の山村浩二さんは、意外にもその本質が不連続性にあるとおっしゃっていた。絵の静止や断絶がアニメーションの新しい動きを生み出し、ぎこちなさが想像力の補完をうながすのだという。

不在や不連続性があると、わたしたちは、それを補うために想像力をはたらかせる。想像するための素材は自分の知識や記憶だから、実体験や感覚の記憶がひきだされるほど、よりリアルな鑑賞体験になるのだろう。とくに、忘れていた深い記憶や情動がともなう記憶は、強いリアリティに関わりそうだ。

中学生のころ、理科の教科書をぱらぱらめくっていて、急に鳥肌が立ったことがあった。そのページには、金属中を流れる電気の模式図が描かれていた。陽イオンの「＋」マークが並んでいる周りを自由電子の「－」マークが飛び回っているだけの無機質なものだ。不思議に思い、怖いもの見たさでときどきそのページを開いた。そのたびに鳥肌が立つが理由はわからない。その後すっかり忘れていたが、高校生になったある日、電車のなかでふいにその謎が解けた。ああ、あれは病院の赤十字マークだったのだ、と唐突に腑に落ちたのだ。

右目の疾患のために、生後二カ月のころから病院通いをしていた。もちろんそのころの記憶はまったくない。母によると、赤ん坊のわたしは、眼科の暗室のなかで機器に固定されて検査を受け、泣き叫ぶ声が廊下まで響き渡っていたそうだ。教科書の陽イオンの＋マークは、乳児のころの言語化される以前の思い出せない記憶に結びついていたのではないか。そう思えたとき、極度の病院嫌いも少しだけ軽くなった。

「怖い」などの情動は、心拍数の増加や発汗など、自律神経系の作用をおこす。それが「からだで感じる」という強いリアリティを生み出すのだろう。それは「美しい」にも関わる重要な作用だ。

触覚にむすびついた質感、作品に入り込んだような身体感覚、呼びおこされる感覚の記憶、情動による身体の作用。作品に感じるリアリティは、「からだで感じる」という実感に深く関わっていそうだ。鑑賞体験を豊かにするには、やはり現実に「からだで感じる」体験を充実させることなのだと思う。

二次元と三次元

右目は生まれつきの弱視だった。ぼんやりとは見えていたが、高校一年生のときに網膜剝離にかかり、完全に光を失った。

異常に気づいてから数週間のこと。変化を確かめるために、毎日、左目を隠して机のライトを見つめた。失明したら目の前が真っ暗になると思っていたが、そうではなかった。視野がだんだん狭くなり、やがてなくなった。暗闇すら見ることができなくなったのだ。

瀬戸内海に浮かぶ直島《なおしま》をはじめて訪れたとき、その作品を前に、しばらく立ちすくんでしまった。

ウォルター・デ・マリアの「Seen/Unseen Known/Unknown」という作品だ。海のそばの丘、打ちっぱなしのコンクリートでできた車庫のような空間がある。そのなかに巨大な黒い球体が二つ鎮座していた。ぴかぴかに磨き上げられた御影石の球体は、どっしりと存在感がある。

二つの球体の正中線上、数メートルのところに、足下の石組みが円形に配置された部分があった。思わせぶりな配置なので、そこに立って球体と向きあう。球体の表面には、建物の開口部で四角く切り取られた瀬戸内海、そして作品の前にたたずむ自分の姿が、ゆがんで映っていた。

目の前にいる人の瞳を覗き込んでいるみたいだ。なにげなく思ったら、頭がぐらっとした。自分が作品を「見ている」という行為が反転して、目の前の巨大な目にじいっと「見られている」、そんなざわざわした気持ちになった。

わたしが茫然とした理由は、そこからだった。球体に映り込む自分の姿が、左右で大きく違っている。左側にある球体には、左斜め前からの自分の姿が映り、右側にある球体には、右斜め前からの自分の姿が映っていた。

あたりまえのことなのだけれど、右目が見えない自分にとっては、どきりとするものだった。そうか、両眼で見るってこういうことなのか。自分が見ている世界が、じつはとても薄っぺらいものなのかもしれないという思いが湧いてきてしまった。

頭ではわかっていた。二つの目で物を見るとき、左右の目から見える角度が少しずつ違う。その両眼視差を使って人は立体を認識している。でも、デ・マリアの二つの球体を前にしたとき、体験としてはじめて、ほんとうの立体視がどんなものなのかを見せつけられた気がした。

とはいえ、右目が見えなくても日常生活で困ることはほとんどない。問題といえば、３Dメガネが役にたたない、電気のひもをつかんだり、バドミントンのラケットでシャトルを打ったりするのが苦手、そんな程度だ。

だいたい、両眼視差以外にも、奥行きを知覚する手がかりはたくさんある。たとえば、遠くにあるほど物が小さく見える「相対的な大きさ」。奥にある物が手前にある物に隠れる「物の重なり」。平行線が消失点で収束する「線遠近法」。遠くの物ほど大気の層でぼんやり見える「大気遠近法」。遠いほど物のテクスチャが細かくなる「肌理《きめ》の勾配」。さらに、陰影や色彩などでも奥行きを認識している。

これらは「絵画的奥行き手がかり」ともいわれる。三次元を二次元に投影する絵画の技法が、人間の視覚の特性を反映して発達したということだ。片目で見る場合は、おもに「絵画的」に三次元を把握していることになる。

それだけではない。視点を動かすことで生じる運動視差や、ピントを合わせる水晶体の調節具合なども、奥行きを知る重要な手がかりだ。

そもそも両眼視が効果的なのは近景だけで、その視差が小さくなる遠景は、遠近法的（絵画的）にとらえているのではないか。美術解剖学の布施英利先生が『遠近法《パース》がわかれば絵画がわかる』（光文社新書、二〇一六年）でそう指摘されている。じつはわたしも「Sさん」としてこの本に登場し、単眼視のことを少し語っているのだが、この指摘に少し救われた。きっとデ・マリアの巨大な球体は、至近距離でわたしを見つめていたからあんなに視差があったのだ。遠くの海は、左右の球体にほとんど同じように映っていたはずだと思った。

ヒト以外の動物に目を向ければ、もともと両眼視差による立体視をしない動物も多い。ウマなどの草食の哺乳類は目が顔の側面にあり、左右の視界が重ならないからだ。そのかわり、かれらには三五〇度もの広い視野がある。だから首を回してきょろきょろしなくても、身のまわりに迫る捕食者などの危険をすぐに察知できる。

いっぽう、捕食者にあたるヒョウやライオンなどのネコ科の動物は、両目が顔の正面に並んでいる。狩りをするときに、獲物への距離を計り、一気に仕留めるためだ。

つまり目の位置によって、両眼視差による立体視と、広い視野の確保とは、トレードオフの関係にある。

さて、ヒト、チンパンジー、ニホンザル、メガネザル、ワオキツネザル、リスザルなどの霊長類はみんな目が顔の正面にある。基本的には果実や葉、昆虫などを食べている霊長類が、両眼視差による立体視ができる目を進化させたのはなぜだろうか。

最初の霊長類が生まれたのは、白亜紀の末期、ちょうど恐竜が絶滅した直後のことだ。それ以前の祖先は、小さなネズミのような姿をしていて、恐竜の捕食を避けて夜行性だったし、顔の側面よりに目がついていた。

恐竜が滅んだあと、樹上という新しいニッチを開拓したのが霊長類だ。そしてこのことが立体視の獲得につながる。樹上をすばやく渡り歩いたり、枝から枝に飛び移ったりするのには、瞬時に距離感をつかむ必要があるからだ。

大きな恐竜が絶滅し、樹上に捕食者がいなかったので、霊長類は昼行性になった。そこで手に入れたのが、色彩豊かな世界だ。夜行性の霊長類は、色を感知する錐体《すいたい》細胞の種類が赤と青の二色型色覚だが、昼行性の霊長類では、緑がくわわった三色型色覚になる。三色視は、緑のなかの赤く熟した果物を見つけるのに有利だ。ただしここでもトレードオフがあって、三色視の獲得とともに嗅覚に関する遺伝子が退化したらしい。

時代が進み、原猿類と分かれてから、わたしたち真猿類には新たに高解像度の視力も備わった。網膜の中心部に細胞が集中している領域、中心窩《ちゅうしんか》ができたおかげで、中心視野の部分で世界がくっきり鮮やかに見える。さらに、眼窩にソケット状の骨の壁、眼窩後壁もできて、眼球がぶれないようしっかり支えている。

こうしてみると、わたしたちがさまざまなアートを楽しむことができるのも、このような霊長類の進化の道のりがあってのことだとわかる。進化の背景には自然淘汰のプロセスがあり、その環境に適応的であるかどうかが進化の方向性を決めている。

適応とは、環境に応じた変化が遺伝的におこることだ。でも生物は、一つの個体としても、環境やその変化に応じて柔軟に機能を調整している。比較的短時間での調整は順応、より時間をかけての調整は順化ともいう。いずれにしても「生きるため」の生物の調整力には驚かされることが多い。

わたしの場合も、両眼視野が使えないことをさまざまな方法で補っているようだ。たとえば距離感をつかみにくいときは、頭を少し揺らして運動視差をつくる。意図的に揺らすときもあるし、無意識に揺らしていることもある気がする。野球よりサッカーのような大きいボールの球技が好きなのも、ボールが大きくて見やすいだけでなく、走りながらボールを受けるので、運動視差で距離を測りやすいからだと思う。

大学生のころ、たまたま訪れた耳鼻科で、眼振があるといわれた。眼振とは、眼球が小刻みに振動することだ。

通常でも眼球は絶え間なく揺れ動いている。視線を動かすときだけでなく、一点を注視しているときにも揺れ動く。それでも、わたしたちは視界が揺れているとは感じない。むしろその固視微動のおかげで、静止しているものを安定して知覚できるというからおもしろい。そうした眼球の動きがどうやら人より激しいらしい。

医者にうながされて、指を上下左右に動かし、それを目で追う。鏡で見るとたしかに目がカクカクとぎこちなく動くのがわかる。こんなのでよく世界が止まって見えるなと感心するほどだ。とくに横揺れがひどく、右から左に動くものを見るときにカクカクが激しくなる。

そうか、と思いあたることがあった。新幹線の電光掲示板。あの横に流れるニュースがどうにも読みづらい。でもある日、車窓から外を眺めていて、トンネルに入ったときに、あれっと思った。窓ガラスに映った掲示板のニュースがすんなり読めたのだ。文字が反転しているのに、直接読むより読みやすい。

考えてみると、電光掲示板の文字は右から左に流れる。その文字を追ってしまうと、目が必死に眼振するので読みづらいのだろう。でも窓に映れば、文字の流れが反転するので、眼振が少なくなって読みやすくなる。

そういえば、映画のエンドロールも、縦に流れる場合は問題ないけれど、横に流れる場合はかなり読みにくい。どうしても読もうとするときは、首を横に傾けて目をこらすので、感動していても、いぶかしがっているみたいになってしまう。

耳鼻科の先生は「もしかしたら、眼振は片目で見ていることと関係しているかもしれないね」といった。横揺れで小さな視差をつくり、立体視を補っているのではないかということだ。一つの目で世界をとらえるために、じつは陰ながら必死でカクカクしているのかもしれない。そう思うと、健気な左目に、頭が上がらない。

子どものころ、母に聞いたことがある。

「二つの目で見たら物は二つに見えるの?」「空はなぜ青いの?」「涙目で電気を見るとなんで星形になるの?」などの質問と同じように、

頭に浮かぶ「?・」を何気なく聞いたつもりだった。でも母の顔を見て、はっとした。母は「そんなことはないよ、二つの目で見ても同じように見えるよ」と答えたが、子どもながらに、聞いてはいけないことを聞いてしまったと思った。

ふりかえると、幼いころからの「見る」ことへの興味が、いまの研究テーマのほんとうの原点なのかもしれない。

要、不要

いただいたチケットで文楽を観にいった。長い演目についていけるか不安だったが、太夫《たゆう》の語りはわかりやすく、三味線が気分を盛り上げる。起伏のある話には笑いどころも多くて楽しかった。

驚いたのは人形の動きがリアルなこと。人形に芯はないはずなのに、体幹がしっかりして腰も据わっていると感じさせる。顔のパーツを動かして表現される表情だけでなく、一つひとつの所作にも喜びや悲しみなどの感情が表れていて、人格をもった小さな人のように見えてきた。そして人情深くイケメンな性格の主人公が、とにかく魅力的だった。

人形を動かしているのは黒衣の人形遣いだ。それも一体の人形を三人の人形遣いが操る。一人目の人形遣いは主遣《おもづか》いと呼ばれ、頭《かしら》と右手を担当。二人目の左遣いが左手を操り、三人目の足遣いが足を操る。司令塔は主遣いで、二人はその動きのきっかけをとらえて合わせるそうだが「一人」と感じさせる一体感が見事だった。

人形のそばに、何倍もの大きさの男性が三人控えている。左遣いと足遣いは黒い頭巾をかぶっているが、主遣いは顔もあらわだ。しかも人形ごとに三人の人形遣いがいるから、シーンによっては舞台上に黒衣の人だかりという状態。

それなのに、かれらの存在がまったく気にならないから不思議だ。命を吹き込まれた小さな役者さんたちが熱演を繰り広げている。その一挙手一投足に集中しているうちに、物語にすっかり引き込まれていた。

そうか、人形遣いは「見えないゴリラ」と一緒だと思った。アメリカのクリストファー・チャブリスとダニエル・シモンズの映像で、イグノーベル賞も取っている。まだご覧になっていない方には、先を読む前にぜひ、その映像を見ることをお薦めしたい。インターネットの動画サイトで"selective attention test"で検索すれば、すぐに出てくる。

映像は、指令からはじまる。

「白い服のグループがパスを回した回数を数えてください」

白い服と黒い服のグループがそれぞれ、バスケットボールでパスを回しはじめる。相手のグループの間を縫うように流動的に立ち位置をずらし、バウンドパスも入れたりするので、かなりの集中が必要だ。

映像が終わると、正解の回数が示される。よし、あたり。

ほっとしたところで「ところで、あなたはゴリラを見ましたか?」というキャプションがあらわれる。んん？ と思っている間に映像が巻き戻し再生される。あろうことか、パスをしている人びとの横から着ぐるみのゴリラが悠々とあらわれて、まんなかで堂々と胸を叩いてから通り過ぎてゆくではないか。

はじめて見たときは衝撃的だった。あんなに真剣に見ていたのに、ゴリラがまったく見えていなかった。


わたしたちはふだん、目に入るたくさんの情報のなかから、そのとき必要なものだけを選んで注意を向けている。その「選択的注意」のおかげで、雑踏のなかで知り合いを見つけたり、がやがやした居酒屋で相手の話す声を聞きとったりすることができる。

それと同じしくみで、白服とボールだけに注意を向けているからゴリラが見えない。文楽の人形だけに注意を向けているから人形遣いが気にならないのだろう。

ちゃんと見ているつもりでも、見えていないものがたくさんある。それどころか、しっかり見ようとすればするほど、見えなくなっているのだ。

見えないゴリラに気づく人も一定数いるが、バウンドのパスとそうでないパスを別々に数えるなど、より集中が必要な課題にすると、気づかない人が増えるという。

無駄な情報を切り捨て、必要な情報だけに目や耳を向ける。瞬間ごとに情報の取捨選択をおこなうのは、脳の限られた容量を効率よくつかうためだ。

では、ふだんの生活のなかで必要な情報ってなんだろう。外を歩きながら考えた。

道路に出て、まず、ぶつかったり、転んだりしないように気をつけるべきは、段差、電柱などの障害物、それから、すれ違う人の動き。道路を横断するときには、横断歩道の位置や信号の色、近づいてくる車の動きも確認が必要だ。そして目的地に向かうために、案内板や地図を確認し、目印となる曲がり角のパン屋さんやお店の看板を探す。もともと情報を伝達するためにつくられた人工物は要チェックだ。

でも、それ以外の多くのものは、わざわざ注意を向ける必要がないものばかりだった。傘をもつべきか判断するのに、晴れか雨か空を見上げる必要はあるが、はるか上空の渡り鳥のV字編隊に気づく必要はない。街路樹は障害物として認識する必要はあるが、ウメノキゴケなどの地衣類(藻類と共生する菌類)がこっそり彩っていることに気づく必要はない。

今度は公園の森のなかに入る。道路を歩くときよりも必要な情報が少なくなり、不要な情報に目を向ける余裕が出てきた。カラスがかっこよく滑空して、すとんと地面に舞い降りる瞬間や、アリの巣穴が暗号のように並んでいるところ、クスの木の枝ぶりが、なんでそんなことになったのだろうというような不思議な曲がり方をしているのも目に入る。

ふいに、上からくるくると優雅に回りながら落ちてくるものがある。なんだろう、カエデの種かなと思って拾い上げる。ブナの木の小枝だ。左右交互に少しねじれてついた葉が、プロペラのような回転の力を生み出していたのだろう。

おもしろいなあと思った。そして、気づけば「おもしろい」と感じるものはすべて、不要な情報だった。

自分の場合は一人でおもしろがっているだけだけれど、人に見えていない「おもしろい」を抽出して表現につなげるのが、アーティストなのだろう。


さて、なにが必要でなにが不要かは、そのときの行動の目的や周囲の状況によって違ってくる。

たとえば電車に乗るために急いでいるときには、すれ違う一人ひとりの顔の情報はいちいち必要ない。でも、改札口で待ち合わせの相手を探しているときには、その付近にいる人の背格好や顔、髪型や服装などに注意を向ける。このとき、相手の顔や容姿についての一連の知識(スキーマ)が呼びおこされ、それと照らしあわせることで、すみやかに認識できる。もっともそのせいで、背格好の似た別人に遠くから手を振って、気まずい思いをすることもある。

必要な情報を瞬時に察知して認識するために、その状況や文脈に関連したスキーマを準備しておく。文章に誤字があっても気づかずに読めてしまうのも、知っている単語のスキーマにあてはめて認識しているからだ。

このとき、準備したスキーマでは認識できないと、別のスキーマを掘りおこすので時間がかかる。

たとえば前任校を二年ぶりに訪れたとき。知りあいの学生に会うたびに、見事に二度見された。目が合ってから識別されるまでに必ず一瞬の間がある。

学生はまず、この場所で会うかもしれない人物のスキーマと照合しようとするけれど、そのリストからわたしが外れているからだろう。こちらは知っている学生に会うかもしれないと思っているので、遠くからでも気づいて手を振ったりする。でも、以前よりおとなびて、すっかり雰囲気が変わった学生に会ったときは、お互いに二度見をしてしまった。

その状況や文脈によって、関連するスキーマを呼びおこして備える。知識が増えるとスキーマも充実するので、わずかな手がかりからでも察知し、認識しやすくなる。

この「知る」ことで見えてくるという感覚は、野生生物のフィールドワークのときにも強く実感することだ。

学生のころ、授業をきっかけに、しばらくきのこ採集に通っていたら、きのこの察知能力が少し身についた気がした。はじめは山のなかを闇雲にうろうろ、きょろきょろして歩きまわり、ようやく見つけるという感じだった。それがやがて、なにげなく山道を歩いていても、ふと、きのこが目に飛びこんでくるようになった。

きのこの好む場所がわかってきただけでなく、きのこを採集するぞ、となると、目がきのこモードになって検出力が上がる感じだ。いわば、きのこスキーマが発動した状態なのだろう。地面や木の幹、倒木のすみ、少し離れた草むらの陰。なんとなく「！」と感じて、よく見ると、そこにきのこがある。

ときどきバードウォッチングに通っていた時期もあって、そのときには鳥の検出力が少し上がった。この場合も、鳥見をするぞ、と思うと目が鳥モードになる。木の上などになんとなく「!」と感じて、注意して見ると、鳥が枝を移る動きで居場所がわかるのだ。もっとも、鳥にくわしい人は、格段にすぐれた鳥察知能力をもっている。一緒に鳥見に行くと、街なかの公園でも、こんなに多くの種類の鳥がいるのかと驚かされた。

生き物の存在を察知するときは、形より先に、質感や動きで察知しているような気がする。文字どおり、なんか匂う、というときもある。

スキーマのなかに、質感や動きや匂いが含まれているからなのだろう。いずれも「なんとなく」という感じなのは、「なにか」として認知する、つまり意味処理される前の認知過程で注意を向けている、ということなのかもしれない。

それは、ふだんの物のとらえ方と少し違う、原初的な感覚のようにも感じる。

旧石器時代の人びとや縄文人、さらにさかのぼってホモ・サピエンス以前の人類も、狩猟採集生活をしていた人たちは、おそらく相当感度の高いセンサーをもって、獲物や採集物をとらえていたはずだ。

数年前、公園でふと「!」のセンサーが働いて、なにげなく上を見た。すると高い木の枝に、なぜかおにぎりがちょこんと置いてあった。手が届かないので写真を撮って拡大してみると、フィルム未開封の直火焼きたらこおにぎりだ。人かカラスか、謎のままだったが、いずれにしても相当うっかりものだ。と思ったが、いや、自分もそういう不要なものに気をとられているから、うっかり電柱にぶつかったりするのだと反省した。

人間の認知のしくみについて知れば知るほど、絶対的なものなどなにもないという気持ちになる。自分の見ている世界が、かなり偏ったものであることには自覚的でいたい。

でも、見えていないものや、ゆがんでとらえているものがたくさんあるからこそ、芸術が生まれ、芸術を楽しむことができるのだと思う。

単純と複雑

「日本モンキーセンターのロゴマークをつくってくれませんか」

依頼を受けたのは二〇一三年、熊本サンクチュアリにいたときだった。さて困った。たしかに「博士（美術）」という肩書きはあるけれど、実技の専門教育を受けたわけではない。自己流でポスターデザインなどはしていたが、恒久的な、それも動物園のロゴマークとなると話が違う。本職に頼むべきだと断わろうとしたが「一応は芸大出身だし、霊長類学のことをそれなりに知っているし」と説得された。デザイン料が出せないという懐事情が大きかったのだろう。

でも、このむちゃぶりのおかげで、ゼロからデザインに挑戦し、制作のプロセスを体験することができた。

依頼の概要はこうだ。それまで民営だった日本モンキーセンターが、公益財団法人として生まれ変わる。その際、遊園地部門から動物園部門が分かれて、研究、教育、社会貢献にさらに力を入れる。京大の霊長類研究所や野生動物研究センターと連携して、とくに野生の霊長類の保全や飼育下の霊長類の福祉についての研究を充実させたい。体制は、理事長に尾池和夫、所長に松沢哲郎、博物館長に山極壽一、動物園長に伊谷原一という錚々たる布陣。その所長からの依頼だった。

日本モンキーセンターは霊長類に特化したユニークな動物園だ。霊長類だけで約六六種と、世界最大の種数を誇る。

設立は一九五六年。京大の人文科学研究所にいた今西錦司さんらが中心となり、名古屋鉄道などの支援を受けて研究施設として立ち上げた。以来、日本の霊長類学の礎を支え、初期のアフリカ調査隊の派遣も担っている。ここから世界に先駆けて野生のゴリラやチンパンジーの研究がはじまったのだ。

霊長類学の歴史をまとめた松沢先生の論文が送られてきて「まあモチーフは日本の霊長類学発祥の地、幸島《こうじま》か、ニホンザルでしょうね。京大らしさも入れてほしい」という要望があった。戦後三年目の一九四八年。今西錦司さんと、当時学生だった伊谷純一郎さん、川村俊蔵さんの三人が、宮崎県の幸島に渡って野生ニホンザルの調査をおこなった。「サルを知ることでヒトを知る」霊長類研究のはじまりだ。

初期の成果の一つとして有名なのが「芋洗い」。餌《え》づけのためにまかれたサツマイモを、サルの子どもが小川で洗って食べるようになった。「イモ」と名づけられた子の行動が群れのなかに広がり、世代を越えて伝わっていく。そのうちサルたちは芋を海水で洗うようになった。海水で洗うと、砂が落ちるだけでなく、塩味もついておいしくなるからだ。新しい行動が生まれ、伝播し、変容する。人間以外の動物にも「文化」的な行動があることが、はじめて示された。

さて、デザインだ。まずは幸島やサルの写真を見せてもらって、いくつか案を練ったが、いまいちぱっとしない。

こういうときは、自分の足でおもむいて自分の目で見てくるべき。

モデルになった幸島のサルの親子

というフィールドワークの精神で、幸島に渡ることになった。現地調査を経てできたのが、次ページのロゴだ。

モチーフはサルの親子。印刷の都合で白黒になっているが、京大のシンボルカラーの青色のサルだ。右端に飛び出ているのは芋洗いの芋(赤色)。親子であること、文化的行動が伝播することに、新たな一歩と「伝える」役割を重ねた。

フィールドワークから戻るとすぐに、撮ってきた写

JAPAN MONKEY CENTRE

公益財団法人日本モンキーセンターのロゴマーク

真を見ながらのスケッチにとりかかった。

現地では親子連れの姿が目立ち、風が強い浜辺のあちこちで親子がぎゅっと寄り添う様子が印象的だった。いろいろスケッチをしているうちに、形的にもなんとなく、このぎゅっと感が使えそうな気がする。

あらためて陰影も入れて少し丁寧に描きこむ。次に顔や輪郭などの特徴的な部分だけを線で描く。さらにそれをより単純化して描く。らくがきのように、どんどんラフに手を動かしていったら、最終的には、母と子が一体化したまるっこい形に落ち着いた。手足を省いたら、さらに一体感が増した。

略号のＪＭＣをどこかに入れたいと思ったが、そのまま入れるのも味気ない。ひたすらＪＭＣ、ＪＭＣ、と書きなぐるうちに、三つの文字がくっついた形ができた。配置してみたら、上手い具合に、子を抱く母の腕のあたりを彷彿させる隠し文字になった。

京大カラーの青色にすると、色味が少し寂しげなので、差し色がほしい。赤。赤なら芋だ。初見でわかる人はいないだろうけれど、芋洗いの芋という重要な意味をひそかに託した。

以上がこのときの制作過程だ。実際には何度も試行錯誤を繰り返し、微調整にもかなり時間がかかった。

でも、現場で見る、写生する、そこから情報を刈り込んで抽象化する。そのプロセスをとおし、自然からの抽出のむずかしさとおもしろさを、身をもって感じることができた。そしてこのあとも依頼がつづき、いくつかロゴデザインを手掛けることになった。

葛飾北斎に『三体画譜《さんていがふ》』という絵手本集がある。人びとや動物、植物、風景などを真・行・草の三体で描き分けたものだ。真は写実的に、行は少し崩して、草はさらに崩して描いたもの。この順に筆数が減り、単純化されている。真は極細の筆で細部の線の一本一本まで描きこまれ、図鑑のように詳細がわかる。草でもそれほど大きな崩しはないが、詳細が省かれて太い筆の勢いがある。そのせいか、動きや雰囲気が感じられる絵が多かった。

絵の複雑さで伝わるものが変わる。単純化するときには、なにを伝えたいかで、なにをどう抽出すべきかが違ってくる。

たとえば、単純化の一つの極みがピクトグラム。禁煙や非常口、トイレのマークなどは、言葉がわからなくても意味が伝わるようにデザインされている。そこに抽出されているのは、わたしたちが物を見るときに「なにか」として認知する、意味処理のときに参照するスキーマに近い。「煙草とは、細長い筒の先端から煙が出る」といった、物についての一連の知識のことだ。それも多くの人が共有する一般的な知識、いわばステレオタイプを抽出している。

スマホなどの絵文字も同じ。意味を伝えるためのデザインでは、意味処理に必要な情報が最小限に抽出されているので、すっと意味がわかる。もっとも絵文字は、アップデートのたびにより写実的になって、一つの絵文字の意味が限定されてきた気もする。描きこみの多い複雑な絵ほど、情報量が多く具体的になるかわりに、一般性は失われる。

ただしデザインの場合も、完全にステレオタイプ的に単純化されると、わかりやすいけれどつまらない。あえてはずした部分や意味を隠した隠喩的な部分がある方がおもしろいし、印象にも残る。

さらに、デザインでなくアートになると、むしろいかにステレオタイプでないものを抽出するかが肝心なのではないか。

抽象絵画の祖とされるカンディンスキーのエピソードがある。

カンディンスキーは、ある日、自分のアトリエにすばらしい作品があるのを見つけた。なんの絵だかわからないけれど、傑作だ。近づいてみると、それは横向きに立てかけたウマの絵だった。そしてウマだとわかったとたん、絵の魅力は一気に失せてしまった。

そこからカンディンスキーは抽象表現に向かっていく。安直な意味は鑑賞のじゃまになるのだ。

言葉をもった人間は、目に入る物を「なにか」としてラベルづけして見ようとする癖がある。つまり意味処理しようとするのがふだんの「見る」だとしたら、アートのツボの一つは、わたしたちに「見る」をさせないことにあるように思う。

作品に表現された物は、既存のスキーマから外れていたり、「なにか」であること自体を拒否したりする。そのときわたしたちは「なにか」として「見る」のをあきらめて、その形や色や質感をそのままじっくり「視る」。そうして作品と向きあううちに、埋もれていた記憶が掘りおこされたり、思いがけない連想がつながって自分なりの意味が見出されたりする。それが「観る」という主観的な体験ではないかと考えている。

だから抽象表現主義の作品や抽象的な現代アートと向きあうときは、自分と向きあっているような、ほとんど瞑想をしているような気分になる。

意味ではない部分、それも自然からぎゅっと凝縮されたエッセンスが抽出されていると感じるのが、熊谷守一の作品だ。ネコ、アリ、石ころ、雨粒。晩年の作品ほど、より単純化された線や形で、色もべたっとぬりこめてある。

でもそれは、ピクトグラム的な抽出とはまるで違う。一匹一匹、一粒一粒、それぞれの一瞬の動きや存在のおもしろさが抽出されているように感じる。一見単純な形や色に表現されているのは、むしろ自然の多様さや複雑さの方だ。

毎日飽きもせず、アリや石ころをじいっと見つめていた人にしか描きだせないものだろう。とことん「視る」ことではじめて見える世界を、作品をとおして垣間見せてくれる。

文章を書くときにも、必要な情報を単純にわかりやすく、と意味だけ抽出すると、教科書みたいでつまらなくなる。

書く過程では、ぼんやりした考えを言葉に抽出している感じもある。書いて、削って、書いて、削って、と繰り返す過程でしぼり出されてはじめて、こんな成分が含まれていたのかと気づくことも多い。

意味の外にあるおもしろいものを抽出できるように、複雑な自然を複雑なまま「視る」目を養っておきたい。

主観と客観

悩んでいる。たくさんのものを抱えていて、歩くたびにぽとりとこぼれ落ちる。落ちたものを拾うと、別のものがぽとり。拾うと、またぽとり。

前に進めずに焦っていると、どこか上の方から、やさしい女性の声がした。

「ゴリラの生き方は、ゴリラが決める?」

ほっとして「うん」とうなずいた。

もちろん夢の話だ。

いままでで一番進路に悩んでいた修士課程の終わりごろ。自分のやりたい研究は医学でおこなうのはむずかしいとわかったけれど、どこにいけばそれができるのかわからない。調べたり考えたりするうちに、いまさら新たな分野に踏み出しても遅いんじゃないかと弱気にもなる。考えれば考えるほど、自分がなにをしたいのか、肝心なことまでわからなくなった。

それは短い夢だったが、女性の声に心底救われた気持ちで目を覚ました。

不思議なことに、夢のなかでわたしは、自分がゴリラであることに、なんの疑問も、なんの違和感も抱かなかった。鏡で姿を確認したわけでもないけれど、その言葉は、たしかに自分に向けられたものだと感じたのだ。覚醒するにつれて、自分は人間だという自覚が戻り、じわじわと笑いがこみ上げてきた。

――「自分」なんて、案外あいまいなものなのかもしれない。

それなら「自分」がなにをしたいのか、なにをすべきか、絶対的な答えなんて見つかるわけがない。せいぜい「いまの自分」がなにをしたいのか、でいいんじゃないか。そう思ったら、少しだけ気持ちが軽くなった。

その後「いまの自分」に向きあい、「ゴリラ」は芸大の博士課程に進学したのだった。無難からは一番遠い選択肢だったが、そのときにたどりついた研究テーマをいまも探究しつづけている。

ゴリラの夢を思い出したのは、この執筆をとおして、想像以上に自分と向きあうことになったからだ。

当初の計画では、表現に向きあう人の言葉をたくさん集めながら、芸術を生み出すこころのしくみについて、もっと客観的に話を進めるつもりでいた。

でも「サイエンスの視点、アートの視点」を書いたことで、フィールドワークの原点を思い出した。そしてやはり、自分の体験をとおして、からだをとおして感じたことを軸にすべきだと思いなおした。

実際に書いていくと、子どものころからいままでの、あらゆる体験が思考の材料になった。そのたびに、レオナルド・ダ・ヴィンチの言葉を嚙みしめた。

「こころを深く成長させるためには、芸術の科学を学びなさい。科学の芸術を学びなさい。感覚を磨いて、物の見方を身につけなさい。どんな物にも必ずつながりがあるはずです」

芸術は、生きることすべてにつながっているのだと思った。

からだをとおして考えたことを文章にしていると、創造のプロセスについて考えたことが、書くプロセスにも当てはまることが多かった。書くことも芸術と同じ「表現」なのだと、そこではじめて気がついた。

じつは、連載がはじまる前の打ちあわせで、編集担当者に「サイエンスの要素は何割ぐらい入れたらいいですか?」と確認した。半分ぐらいかなと思っていたら「どれだけ入れていただいてもよいのですが、むしろゼロでもいいです」という。そのおかげで、サイエンスの枠組みにとらわれず、思いきって「表現」に挑めたのだと思う。

とはいえ、結果的にどの回も少なからずサイエンスの要素が含まれていた。それが自分の思考の成分なのだろう。

ふりかえってみると、背骨を折ったり、片目を失明したり、ちょっと大変だったときほど、このサイエンス的な思考に救われてきたことにも気がついた。自分という小さな視点から見ると、つらくて絶望的に思えることも、大きな視点から眺めれば、世界の森羅万象の一つにすぎない。

もちろん、渦中にいるときはそんなに達観していられなかったが、サイエンスが視点を変えてくれるきっかけであり、怖さや不安の原因を「わかる」ための神話でもあったのだと思う。最初に、サイエンスとアートの違いの例としてあげた一つが「わたし」の有無だった。今回、いわばアートよりのスタンスで書いていくうちに、やはり主観性と客観性のどちらに価値を置くかが最大の違いだと感じた。

「わたし」をなるべく排除して書く論文は、読まれて恥ずかしいという気持ちにはあまりならない。でも、エッセイとして「わたし」を出して表現することは、とても恥ずかしくて、とても怖いことだった。最初のころはとくに、こんなに主観的なことを書いてしまっていいのかと恐る恐る筆を進めた。

でも周りから感想をいただくと、むしろわたしの「わたし」を出すことで、読む方も、それぞれの「わたし」と照らしあわせたり、ふりかえったりして、自分と向きあいながら読んでくれているのだと知った。

客観性が求められる論文と、主観的に「わたし」の視点から綴るエッセイで違うのは、その道のつくり方のように思う。

論文の場合は、目的地までなるべくまっすぐ平坦な道をつくろうとする。読者が迷子にならないようにわかりやすい道標を立てて、そこで見るべきものを確認しながら目的地に導くことが理想だ。

でもエッセイの場合は、一直線に目的地についてしまうとつまらないし、歩かされている感じがあると窮屈だ。カーブや高低差があったり、ときには先の見えないけもの道を進んだり。それぞれの視点で道中の景色を楽しんでいるうちに、ふっと視界が開けて新しい景色が広がる。そんな道づくりを目指せるといいなと思うようになった。

もっとも実際は、毎回のように自分がけもの道に迷い込んで、やぶこぎに苦しんだというのが正直なところだ。言葉がつかめそうで、つかめない。ストーリーがつながりそうで、つながらない。見えない出口を探すときは、夢でゴリラだったときのように不安で苦しかった。

書家の石川九楊《きゅうよう》さんの公開授業にいったのも、ちょうどそのさなかだった。古典の研究を究めながらも、いわゆる「書」のイメージをくつがえす、新しい「書」を生み出されてきた方だ。はじめて作品を観たときは驚いた。歎異抄《たんにしょう》や源氏物語を書いたものなどもあり、そこに並んでいるのは、たしかに文字であり、言葉であるはず。でもそれは謎の古代文字とか抽象画のようで、「読む」ことはできなかった。

意味を伝えるための文字から意味が隠されている。だから抽象画に向きあうときのように書と向きあった。筆の動きを想像しながら追っていくと、リズミカルな音楽を聴いているような心地にもなる。言葉や文字の不思議さについてもまた考えさせられた。

講義のなかで九楊さんは、新しいものを生み出すには、頭のなかにある構想を表現しようとしたらだめだ、とおっしゃった。

構想は過去のものだから、自分を超えられない。書いている現場で、たまたま「？」なものが立ちあがる。その多くは失敗でだめなものだけれど、そのなかに捨てがたいものが出てくるときがある。それこそが、作者本人も知らない、いまだこの世に「見得ない」ものだという。

文章を書いているときも、迷い込んだときこそ、いまだ「見得ない」ものが生まれるチャンスなのかもしれない。迷ったときほど、自分でも思わぬ気づきが生まれることが多かった。見たことのない景色と出会う。その瞬間が、書いていて一番うれしい瞬間だ。

自分に向きあえば向きあうほど、表現は、苦しくて、恥ずかしくて、怖い。でも、その苦しさや恥ずかしさや怖さこそが自分の枠であり、その枠をこわせたときに、ほんとうの表現が生まれるのだと思った。

表現は、限られた人に与えられた特権ではない、とあらためて思う。それは、自分を誇示するためのものではない。正しさを武器に人を攻撃したり、世を嘆いてみたりすることでもない。それはただ、自分に向きあうことなのではないだろうか。

くどうなおこさんの『のはらうた』をお手本にしたい。収められているのは、かまきりやたんぽぽやかぜなど、のはらの住人たちのうた。それぞれが、自分の生を思いきり生きて、日々の思いや気づきや決意をうたう。その表現は、素朴だけれど、こころにじんわり響いて、しみじみ勇気づけられる。短いうたを二編ご紹介したい。

こころ　　こいぬけんきち

かなしいと　おもく　ひきずる
うれしいと　かるく　はためく
しっぽは　ぼくの　こころだ

ひなたぼっこ　　こねずみしゅん

でっかい　うちゅうの　なかから
ちっぽけな　こねずみ　いっぴき
みつけだして

おでこから　しっぽのさきまで
あたためて　くれるのね
・・・・
おひさま
ぼく
どきどきするほど　うれしい

（くどうなおことのはらみんな『のはらうた（Ⅰ・Ⅳ）』童話屋）

先に「自然の美しさは、自分のちっぽけさを感じることと隣りあわせのような気がする」と書いた。ちっぽけさを感じるとき、わたしには、この「こねずみしゅん」くんのイメージが浮かぶ。

表現することの怖さに押しつぶされそうなとき、そうだ『のはらうた』を目指せばいいのだと思った。

のはらのみんなのように、ちっぽけな存在として、めいっぱいのいまを、自分が感じたとびきりのおもしろいことを、こころを込めてうたいたい。

おわりに

先日、「又吉直樹のヘウレーカ！」（ＮＨＫ　Ｅテレ）という番組で又吉さんと対談する機会があった。芸人として、小説家として、表現に向きあう又吉さんならではの視点もあり、描くことと書くことの共通点が見えたのもおもしろかった。

番組のなかで、京都造形芸術大学の美術工芸学科の学生たちが又吉さんをスケッチした。きわだったのは、その表現の多様性。どんな言葉を並べるよりもわかりやすく、人によって見え方やとらえ方が違うということを示してくれた。

並べてみると、わたしの第一印象もこの絵の感じだったな、やさしい雰囲気が出ているな、この姿勢やしぐさがらしい、いいな、家にこもって小説書いていそうだな、などと、逆に又吉さんのいろんな一面が見えるようでもあった。人こそ、一つの視点ではとらえきれない、たくさんの側面をもつ存在だということにも気づかされた。

今回の執筆をとおして、アートや表現について考えているつもりが、いつのまにか、書いている自分自身があぶり出されてしまった。それこそ「壺」を見ていた「顔」が図になってしまったような、図と地がぐるっと反転する「ルビンの壺」体験だった。

なにかについて表現することは、それぞれの視点から壺を描くことに似ている。人によって壺の形が変わるのは、視点が違うからだけでなく、その地である自分の姿が投影されるからなのだろう。やたらとごつごつして醜い壺が見えているときには、一度目を閉じて、ほかの視点を探した方がいいのかもしれない。

人生そのものもやぶこぎのようなわたしを温かく見守り、視野を広げてくださる方々に恵まれたことをあらためて感じた。紙面の都合でご紹介できないが、本文中にお名前をあげた方々のほか、お世話になったたくさんの方々、家族や友人、同僚、はげましの言葉をお寄せくださったみなさんにも感謝したい。また、鳥取県埋蔵文化財センターの北浦弘人さんは弥生人に関する記述を確認してくださり、鈴木康広さんは作品の写真を提供してくださった。そして、執筆の機会をつくり、伴走してくださった編集者の猿山直美さんにも、重ねて感謝したい。

今後も、自分の「からだ」をとおして、まだ見えていないおもしろいものに「こころ」を向け「芸術の科学」と「科学の芸術」の探究をつづけていきたいと思う。

最後に、表紙のすてきな絵は、黒田征太郎さんが描いてくださった。この本を読んでくださったみなさんが、いま、こんな顔をしてくれていることを願って。

二〇一九年　五月

齋藤亜矢

齋藤亜矢
1978年茨城県生まれ．京都大学理学部，京都大学大学院医学研究科修士課程を経て，東京藝術大学大学院美術研究科博士後期課程修了(博士(美術))．中部学院大学准教授などを経て，現在，京都芸術大学文明哲学研究所教授，京都大学野生動物研究センター特任教授．専門は芸術認知科学．絵を描くこころの起源について研究している．
著書に『ヒトはなぜ絵を描くのか──芸術認知科学への招待』(岩波書店)，共著書に『人間とは何か──チンパンジー研究から見えてきたこと』(岩波書店)，『脳科学と芸術──恋う・癒す・究める』(工作舎)，『脳とアート──感覚と表現の脳科学』(医学書院)，『ベスト・エッセイ 2018』『ベスト・エッセイ 2020』(光村図書)，『アートをひらく──東京藝術大学「メディア特論」講義Ⅰ』(福村出版)など．

ルビンのツボ──芸術する体と心

2019年6月21日　第1刷発行
2024年7月16日　第2刷発行

著　者　齋藤《さいとう》亜《あ》矢《や》

発行者　坂本政謙

発行所　株式会社 岩波書店
〒101-8002 東京都千代田区一ツ橋 2-5-5
電話案内 03-5210-4000
https://www.iwanami.co.jp/

印刷・精興社　製本・牧製本

ISBN 978-4-00-025601-8　　Printed in Japan